管理栄養士
中井エリカ

体にいい！朝ラク 作りおき弁当

たった
2品 つめるだけ
だから簡単！

野菜 がおいしい＆
おなかも満足！

2品詰めるだけ！
ラクチン・ヘルシー・大満足！

体にいい！
作りおき弁当のススメ

忙しい朝も、作りおきおかずがあればお弁当作りはラクラク。
たった2品詰めるだけで、食べごたえ満点＆栄養バランスも整うお弁当が完成します。
ヘルシー調理や保存のコツもおさえながら、
簡単で野菜がおいしい、体が喜ぶお弁当生活をはじめましょう！

01

冷凍・冷蔵ストックで
朝はラクラク！詰めるだけ！

あわただしい朝に、毎日イチからお弁当を作るのは
大変です。でも、夕食作りのときや、週末など時間
のあるときに、日持ちのするおかずを作ってストッ
クしておけば、朝は詰めるだけ。お弁当作りがぐっ
とラクになり、長続きします。肉や魚の主菜は冷凍
できるものも多く、おいしさが長持ちするので、ま
とめて作っておくと便利です。

02

2品で栄養バランスも
食べごたえも◎

たんぱく質がメインの主菜に、野菜や海藻、乾物な
どを使った副菜を1品プラス。2品でおなかが大満
足する、おいしいお弁当が作れます。肉巻きには2
種の野菜ときのこをたっぷり巻くなど、肉や魚の主
菜に野菜を上手に取り入れたり、副菜は数種の食材
を使ったりと、たった2品でも栄養バランスが整う
工夫をたくさん盛り込みました。

03

野菜がおいしい！
体が喜ぶ簡単レシピが
いっぱい！

この本では、野菜がもりもり食べられるヘルシーな
作りおきおかずを多数掲載。調理も調味もシンプル
だから、野菜本来のおいしさを存分に楽しめます。
PART4では、色別に副菜を紹介し、野菜はもちろん、
海藻や乾物、大豆製品などを使った体にうれしいレ
シピが満載です。お弁当の彩りを意識して詰めると、
自然に栄養バランスも整います。

作りおき2品弁当が
体にいい理由

ヘルシーで食べごたえのあるお弁当にするには、主食や主菜を無理に減らすのはNG。
ごはんと肉・魚はしっかりとり、野菜や海藻などを使った副菜はたっぷり入れ、満足感を高めるのが大切です。

組み合わせも
自由自在！

おなか
いっぱい食べても
600 kcal台！

主食

ごはん
（茶碗1杯150g）
白米ごはんの場合

252 kcal

ごはんは150gを基準としていますが、ダイエット中の人は減らしたり、育ち盛りのお子さんや男性は増やしたりしてもOK。もち麦入りごはんや雑穀入りごはんにすると、食物繊維やミネラルの補給に有効です。

ミックス
ビーンズサラダ
➡ P112

副菜1品

すべて
100 kcal 台以下

主菜と味や調理法がかぶらないように、野菜や大豆製品、海藻などの副菜を1品選び、彩りと栄養バランスをアップ！

めかじきの
パン粉焼き ➡ P94

主菜1品

すべて
200 kcal 台以下

肉や魚などたんぱく質のおかずから1品チョイス。時間のあるときに3～4品作りおきしておくと、お弁当のバリエーションが広がり、食べ飽きません。

VARIATION | 差し替えバリエ

差し替えバリエ | **VARIATION**

野菜のおかず

ブロッコリーの
塩昆布あえ
➡ P115

大豆製品のおかず

大豆と
しめじの洋風煮
➡ P121

肉のおかず

肉団子
➡ P79

魚のおかず

塩さばの
カレー粉焼き
➡ P24

積極的にとりたいヘルシー食材

【肉や魚】

良質なたんぱく質やビタミン・ミネラルが豊富で、筋肉や骨、美しい肌や髪を作るのに必須。お弁当にも必ず入れましょう。脂質に注意したい肉は、鶏むね肉や豚・牛の赤身がおすすめ。肉とくらべて低カロリーで良質な脂を含む魚介は、手軽な缶詰を活用しても。

【野菜】

ビタミン類や食物繊維を豊富に含み、体の調子を整えるのに欠かせません。とくに、かぼちゃやブロッコリーなど色の濃い野菜にはβ-カロテンが多く、美肌や免疫の強化に関わるとされています。副菜をはじめ、主菜のかさ増しとしてもたっぷり使いましょう。

【卵や大豆製品】

ビタミンCと食物繊維以外のすべての栄養素を含む卵、植物性たんぱく質をはじめ、カルシウムやイソフラボンが豊富な大豆製品。どちらも栄養豊富で腹持ちがよいので、主菜のボリュームがたりないときの副菜にも◎。量を多めにして主菜にしてもよいでしょう。

【海藻やきのこ】

海藻にはカルシウムが、きのこにはカルシウムの吸収を助けるビタミンDが豊富。どちらも低カロリー、低糖質で、食物繊維やミネラルに富み、腸内環境の改善やコレステロールの低下作用が期待できます。主菜や副菜のボリュームアップにもぜひ。

野菜をおいしくたっぷり食べるコツ

本書では、野菜がたくさん食べられて
保存のきくおかずを多数紹介しています。
余裕のあるときに副菜を作りおきして野菜不足を解消！
加えて、野菜を上手にとるお弁当作りのコツを紹介します。

● 主食に野菜を混ぜてかさ増し

ごはんに野菜の浅漬けを混ぜるなど、主食に野菜を混ぜるのも一案。食べごたえを損なわずにごはんの量を減らすことができ、糖質オフにもなります。

野菜の浅漬けをごはんに混ぜた
野菜の塩麹漬け混ぜごはん ➡ P40

● ゆで野菜や焼き野菜を活用

お弁当のすき間うめや、野菜がもう少しほしいときに活用したいのが、ゆで野菜や焼き野菜。手軽にできる野菜の添えものがあると、野菜が取り入れやすくなります。

ゆで野菜　➡ P62

焼き野菜　➡ P62

体にいい作りおき弁当の
クッキングポイント

お弁当を作りはじめる前に、調理、保存、詰め方のポイントをチェック。
おいしくヘルシーで安心な、体にいい作りおき弁当の基本を紹介します。

調理のコツ

おいしくて体にいいお弁当を作る、ちょっとしたコツをご紹介。
ひと工夫でカロリーダウンできたり、作るのがぐっとラクになったりします。

脂肪が多い部分は取り除く

鶏むね肉の皮や、鶏もも肉の皮と身の間の脂など、脂肪が多い部分は取り除いてから使いましょう。カロリーカットできるうえ、くさみがやわらぎ、おいしくなります。

余分な脂はふき取る

炒めものや焼きものを作っていて、肉や魚から脂が出てきたらペーパータオルでふき取ります。カロリーオフできるうえ、調味料がからみやすくなります。

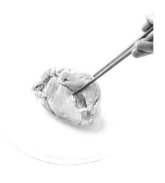

電子レンジを活用する

フライパンで焼いたり、炒めたりするのにくらべ、電子レンジでの調理は使う油が少ないためカロリーダウンに。加熱している間にほかの作業ができて時短になるのもメリット。

スパイスやハーブを利用する

スパイスやハーブ、酢などを使うと味にメリハリがうまれ、塩分や油を控えてもおいしくなります。酢には殺菌作用もあり、お弁当を傷みにくくする効果も期待できます。

便利調味料に頼る

めんつゆやポン酢しょうゆなど、味が一発で決まりやすい便利調味料があると、お弁当作りがラク。味つけに迷うことがなく、お弁当作りが長続きします。

缶詰を買いおきする

肉や魚がない！ 彩りや食べごたえをプラスしたい！ というときの頼もしい助っ人が缶詰。ストックでき、火を通さずに食べられるので、常備しておくと役立ちます。

保存のコツ

せっかくストックおかずを作っても、保存法がいまひとつだと、味が落ちたり、傷みやすくなったりすることも。おいしく長持ちさせるコツをしっかりおさえましょう。

清潔な容器や道具を使う

おかずは、清潔で乾いた保存容器に保存します。容器や箸をはじめ、調理に使う道具は、キッチン用アルコールスプレーをかけて除菌するとより安心です。

落としラップをする

あえものや煮もの、サラダなど、しっとりした食感を損ないたくない冷蔵おかずは、表面をラップで密着させてからふたをします。空気に触れにくくなって乾燥を防ぎ、汁けがゆきわたって味がよくなじみます。

冷ましてから保存する

おかずが温かいうちに保存すると、容器の中に湿気がこもり、細菌が増えやすい状態に。容器の底を触って、きちんと冷めているのを確認してからふたをして保存します。急ぐ場合は、保冷剤で冷ましても。

作った日付けを書く

作った日にちやメニューをふせんなどに書き、容器に貼っておきましょう。優先して食べるおかずがわかりやすくなります。早く食べきったほうがよいおかずは、夕食などに食べても。

[おすすめ保存容器]

おかずや目的で使い分けよう！

においがつきにくく、熱に強いホーロー製、中に入っているものがわかりやすいガラス製、スピーディーに冷凍できるステンレス製など。保存容器によって異なる特徴をつかみ、おかずに合わせて使い分けても。いずれもふたつきのものを選び、しっかり密閉して保存を。

冷凍するときは

●オーブン用シートで仕切る

汁けがないおかずを冷凍するとき、すき間があけられない場合は、オーブン用シートの活用を。おかずや保存容器の大きさに合わせてカットし、仕切りとして使います。

●すき間をあける

肉詰めや肉巻きのように汁けがないおかずは、すき間をあけて冷凍すると取り出しやすく、凍ったら冷凍用保存袋に移せば、省スペースで保存できます。

●カップで小分けにする

煮ものや炒めものなど汁けがあるおかずは、小分けにしてカップに入れて保存容器へ。冷凍と電子レンジでの加熱が可能なシリコンカップなら、ラップをかけてそのまま加熱後、直接お弁当箱に入れられてラク。

詰め方のコツ

お弁当箱に詰めるときのひと工夫で、おかずが傷まなかったり、よりおいしく食べられたりします。しっかり手洗いをしてはじめましょう！

電子レンジでしっかり温める

各おかずの「詰めるときは」を参照し、再加熱が必要なものは冷凍、冷蔵どちらの場合も、電子レンジで温め直してからお弁当箱へ。

● 冷凍作りおきおかずの場合

耐熱容器に凍ったおかずを入れ、ラップをふんわりとかけて電子レンジで加熱。ラップの内側が蒸気でくもり、容器の底が熱くなっていれば、中まで温まっています。加熱しすぎると、パサついたり、かたくなったりするおかずもあるので気をつけて。

● 冷蔵作りおきおかずの場合

冷凍おかずと同様に、電子レンジでしっかり加熱します。揚げものは、耐熱容器にペーパータオルを敷いてからのせ、ラップをかけずに加熱すると余分な油が落ちておいしい。

揚げものはリベイクしても

から揚げやフライは、電子レンジで温め直した後、オーブントースターで加熱するのがおすすめ。揚げたてのような食感がよみがえります。

おかずごとに箸を替える

箸を使いまわすと、おかずに細菌がついたり、味が移ったりすることも。箸はおかずごとに替えるか、その都度洗って水けをふいて使いましょう。

汁けはしっかりきる

おかずの汁けは、お弁当が傷む原因の一つ。お弁当箱に詰める前に、ペーパータオルで余分な汁けを吸い取ってから詰めます。

冷めてからふたをする

おかずやごはんが温かいうちにふたをすると、熱がこもって細菌が増えやすくなることも。じゅうぶん冷ましてからふたをしましょう。

詰める順番

見た目がよいと、より一層おいしく感じられるもの。きれいに詰めるコツを覚えましょう。

1

ごはんを詰める

まずは温かいごはんを詰めて形を整えます。ごはんの量は茶碗1杯150gが目安。

2

主菜を詰める

主菜を電子レンジで温め直し、お弁当箱へ。汁けがあるおかずは、おかずカップを利用しましょう。

3

副菜を詰める

最後に副菜を詰めます。各おかずの「詰めるときは」を参照し、再加熱が必要なものは温め直します。

✧ FINISH! ✧

好みで、トッピングを添えて完成。じゅうぶん冷めたらふたをします。

この本の使い方

〔 マークについて 〕

◉ お悩み別のマークを表示

女性に多い8つの悩みを取り上げ、その予防や
改善に役立つレシピにマークで表示しています。
目的や体調に合わせておかずが選べます。

◉ 保存法と保存期間

作りおきおかずには、保存法と保存期間の目安
を表示。基本的に、主菜は冷凍と冷蔵した場合
を、副菜は冷蔵した場合の保存期間の目安を入
れています。冷蔵庫の開閉頻度や保存状況でも
異なるので、状態を見ながら判断してください。

 保存期間

冷凍 2週間
冷蔵 3〜4日

◉栄養量について

本書のレシピには、とくに記載の
ない場合、1人分のエネルギー量、
塩分量、たんぱく質量、脂質量を
表示しています。

1人分
123 kcal
塩分 4.5g
たんぱく質 67.8g
脂質 90.1g

◉ 詰めるときのポイント

作りおきおかずをお弁当に詰める際のポイント
を表示しています。再加熱の仕方などを参照し
てください。

 詰めるときは

電子レンジで加熱

〔 この本の決まり 〕

- 材料表に記した分量は、小さじ1＝5㎖、大さじ1＝15㎖、1カップ＝200㎖、
  1合＝180㎖です。1㎖＝1ccです。
- 電子レンジの加熱時間は600Wで使用した場合の目安です。
- オーブン、オーブントースターの加熱時間は目安です。機種によって多少違いがありますので、様子を見ながら
  加減してください。
- 作りおきおかずの保存期間は目安です。冷蔵庫内の冷気の
  循環状態、開け閉めする頻度などにより、保存期間に差が
  出る可能性があります。

- 栄養価は原則1人分です。材料表の人数分に幅があるとき
  は、大きいほうの数字に対応した数値です。お弁当の栄養
  価は、プチトマトや梅干し、漬けものなどの添えものを含
  まない数値です。
- 栄養価の算出は、『日本食品標準成分表（七訂）』（文部科学省）
  に準拠しています。

CONTENTS

PART 3

ヘルシーで食べごたえ満点！

主菜の作りおきおかず

1

定番から、SNSで
大反響のおかずをin!

体にいい
人気弁当BEST10

から揚げ、肉巻き、照り焼き、しょうが焼き…。人気
のお弁当おかずをはじめ、私のYouTubeチャンネル
で大好評だったおかずを2品弁当にアレンジ。どれ
も食べ飽きないおいしさで、栄養バランスも◎！

ふっくらから揚げ弁当

しょうゆやしょうがで下味をつけた、オーソドックスなから揚げはお弁当の大人気おかず。しっかりと片栗粉をまぶし、衣はカリッと、中の鶏肉はふわっとジューシーに仕上げます。副菜は、私がSNSで発信するヒットメニューのピクルスを根菜でアレンジしました。

美肌　疲労回復　腸活

★好みで副菜をパプリカの炒めもの（P28）に差し替えても（P1、写真右上参照）。

★好みでサラダ菜を添える。

1人分
607 kcal
塩分 **2.6** g
たんぱく質 **23.4** g
脂質 **20.9** g

ごはん（茶碗1杯150g）
252kcal／塩分 0.0g／
たんぱく質 3.8g／脂質 0.5g

★好みで黒いりごまをふり、刻みたくあんを添える。

体にいいお弁当 MEMO
揚げものに、食物繊維が豊富な根菜のピクルスを添えて、さっぱりとした組み合わせに。鶏肉は、健やかな肌作りに関わるビタミンAの宝庫。肌荒れが気になるときにおすすめしたい、軽やかなから揚げ弁当です。

主菜 美肌 疲労回復

余分な脂肪を取り除いてヘルシーに

ふっくらから揚げ

1人分
289kcal
塩分 1.6g
たんぱく質 17.4g
脂質 20.2g

材料（2～3人分）

鶏もも肉…1枚（300g）

A｜酒、しょうゆ…各大さじ1と½
　｜にんにくのすりおろし、
　｜　しょうがのすりおろし…各小さじ½

片栗粉、揚げ油…各適量

作り方

1 鶏肉は皮と身の間の脂肪を取り除き、食べやすい大きさに切る。Aをもみ込んで30分ほどおき、片栗粉をしっかりまぶす。

2 フライパンに深さ1cmほどの揚げ油を入れて熱し、**1**を入れ、ときどき裏返しながらこんがりと色づくまで4～5分揚げ焼きにし、油をきる。

3 保存容器に入れ、冷めたらふたをして冷凍する。

 保存期間　　　　　詰めるときは
冷凍 2週間／冷蔵 3～4日　　電子レンジで加熱

【 揚げ焼きでヘルシー＆手軽に 】　ヘルシーPOINT!

 揚げものにくらべ、使う油の量が少ない揚げ焼きで手軽に揚げものを。片づけもラクなので、気軽に作れます。

副菜 腸活 ダイエット 美肌 疲労回復

きのこと昆布入りで食物繊維がたっぷり

根菜の和風ピクルス

1人分
66kcal
塩分 1.0g
たんぱく質 2.2g
脂質 0.2g

材料（4人分）

れんこん…150g

にんじん…1本（200g）

しいたけ…5枚（80g）

昆布…5cm四方

A｜水…250mℓ
　｜酢…150mℓ
　｜砂糖、しょうゆ…各大さじ4

作り方

1 小鍋にAを入れてひと煮立ちさせ、火を止めて冷ます。

2 れんこんとにんじんは皮をむき、それぞれ4～5cm長さ、1cm角の棒状に切る。しいたけは石づきを取り、半分に切る。昆布はキッチンばさみで細く切る。

3 れんこんとにんじんは2分ほど、しいたけは1分ほど熱湯でゆで、それぞれ湯をきる。

4 保存容器に**3**、昆布を入れて**1**を注ぎ入れる。冷めたらふたをして冷蔵する。

★一晩漬けてからが食べごろです。

 保存期間　　　　　詰めるときは
冷蔵 3～4日　　　汁けをきって入れる

KARAAGE
BENTO!

OBENTO BEST 2

野菜たっぷり肉巻き弁当

野菜や味つけを変えれば、いくらでもアレンジできる包容力抜群の肉巻き。ここでは、にんじん、さやいんげん、きのこを巻き、野菜がたくさんとれる彩り抜群の一品に仕上げました。副菜は、家族に大好評な、映え度満点のオムレツをイン。

美肌　冷えケア　貧血ケア　アンチエイジング　疲労回復

ごはん（茶碗1杯150g）
252kcal / 塩分 0.0g /
たんぱく質 3.8g / 脂質 0.5g
★好みで粗びき黒こしょうをふる。

★好みで
サラダ菜を添える。

1人分
644kcal
塩分**2.8**g
たんぱく質**29.4**g
脂質**25.0**g

体にいいお弁当 MEMO

肉巻きは、少しの豚肉で野菜をたっぷり巻いて食べごたえをアップ。彩り抜群の副菜は、具をたっぷり入れたオムレツでボリューミーに。主菜からも副菜からも、ビタミン豊富な野菜がたくさんとれる、ヘルシーさ満点の組み合わせです。

主菜 美肌 疲労回復 冷えケア 貧血ケア

豚肉のビタミンB₁で疲労回復

野菜たっぷり肉巻き

1人分
217 kcal
塩分 **1.4g**
たんぱく質 **12.1g**
脂質 **13.0g**

材料（2〜3人分）
豚しゃぶしゃぶ用肉…8枚
にんじん…⅓本（70g）
さやいんげん…8本（80g）
えのきだけ…½袋（100g）
A｜しょうゆ…大さじ1と½
　｜酒、砂糖…各大さじ1
片栗粉…大さじ1
サラダ油…小さじ2

 保存期間
冷凍 2週間
冷蔵 3〜4日

 詰めるときは
電子レンジで加熱

作り方

1 にんじんは皮をむいて約6cm長さ、5mm角の棒状に切る。さやいんげんはヘタを取り、半分に切る。えのきだけは石づきを取り、8等分に割き、約6cm長さに切る。Aは混ぜ合わせる。

2 豚肉を1枚ずつ広げ、1の具を等分にのせ、手前から巻いて片栗粉をまぶす。油を中火で熱したフライパンに巻き終わりを下にして入れ、転がしながら焼く。全体に焼き色がついて火が通ったら、Aを加えて煮からめる。保存容器に入れ、冷めたらふたをして冷凍する。

★お弁当箱に詰めるときは、好みで食べやすく切っても。

NIKUMAKI
BENTO!

副菜 アンチエイジング 貧血ケア 疲労回復 美肌

卵＋トマト、ブロッコリーで栄養面もパーフェクト

ごろごろ野菜の
スパニッシュオムレツ

1人分
175 kcal
塩分 **1.4g**
たんぱく質 **13.5g**
脂質 **11.5g**

材料（2〜3人分）
卵…4個
塩、こしょう…各少々　　エリンギ…½本（30g）
ブロッコリー　　　　　　ハム…2枚
　…⅓株（70g）　　　　ピザ用チーズ…30g
プチトマト…6個　　　　サラダ油…小さじ½

作り方

1 耐熱容器の内側にサラダ油を薄く塗る。卵に塩、こしょうを加えて溶きほぐし、耐熱容器に流し入れる。

2 ブロッコリーは小房に分け、プチトマトはヘタを取り、エリンギは2×1cmほどの拍子木切りにし、ハムは4等分に切る。1に入れてピザ用チーズを散らし、200度に予熱したオーブンで25分ほど焼く。粗熱をとって2〜3等分に切り、保存容器に入れ、冷めたらふたをして冷蔵する。

★お弁当箱に詰めるときは、好みで食べやすく切っても。

 保存期間
冷蔵 3〜4日

詰めるときは
電子レンジで加熱

【 ヘルシー副菜はオーブンまかせ 】　ヘルシー POINT!

卵に野菜をプラスして食物繊維とビタミンCを補ったオムレツは、彩りも栄養バランスも文句なし。オーブン焼きにすれば裏返す手間がなく、ほったらかしでOK。

鶏肉とれんこんの
テリテリ焼き弁当

甘辛いたれが鶏肉にからんだ、定番の照り焼き。食物繊維が豊富なれんこんを加えて食べごたえを高めつつ、ヘルシーにアレンジ。テリテリの見た目が食欲をそそる主菜と、SNSで5万4000回再生されたオクラの白だし漬けを入れてバランスのよいお弁当に。

 美肌 疲労回復 腸活 ダイエット

★好みで
白いりごまをふる。

★好みで
斜め半分に切る。

1人分
495kcal
塩分 **3.0g**
たんぱく質 **31.8g**
脂質 **7.3g**

雑穀入りごはん (茶碗1杯150g)
245kcal / 塩分 0.0g /
たんぱく質 4.9g / 脂質 1.2g

★好みで、塩をふった焼きかぼちゃ（P62）を添える。
★雑穀入りごはんの炊き方…一般に、米1合に対して雑穀ミックス大さじ1を加え、水230㎖ほどで炊飯。商品によって水の量は多少異なるため、パッケージの炊き方などを参考に炊飯を。

体にいいお弁当 MEMO
高たんぱく、低脂質、糖質ゼロで、ダイエットを意識したら真っ先にチェックしたい鶏むね肉を使った照り焼き弁当。食物繊維やビタミン類が豊富で、かみごたえのあるオクラを使った白だし漬けは、早食い防止にも◎。

主 菜　〔美肌〕〔疲労回復〕〔ダイエット〕

鶏肉のナイアシンで美肌をめざそう！

鶏肉とれんこんの テリテリ焼き

1人分
239 kcal
塩分 **2.6**g
たんぱく質 **26.3**g
脂質 **6.0**g

材料（2〜3人分）

鶏むね肉（皮なし）… 1枚（300g）

れんこん… 150g

A　酒…小さじ2
　　塩…小さじ⅓

片栗粉…大さじ1

B　しょうゆ…大さじ2
　　砂糖、みりん…各大さじ1

サラダ油…大さじ1

■ 保存期間

冷凍 2週間
冷蔵 3〜4日

■ 詰めるときは

電子レンジで加熱

作り方

1 れんこんは皮をむいて1cm厚さの半月切りにする。

2 鶏肉はひと口大のそぎ切りにし、Aをまぶして5分ほどおき、片栗粉をまぶす。Bは混ぜ合わせる。

3 フライパンにサラダ油を中火で熱し、**1**と**2**の鶏肉を入れて焼く。焼き色がついたら裏返し、ふたをして3分ほど蒸し焼きにする。ふたを取り、Bを加えて照りが出るまで焼きからめる。

4 シリコンカップに等分に入れて保存容器に並べ、冷めたらふたをして冷凍する。

【 れんこんは水にさらさず焼く！】

ヘルシー
POINT!

ビタミンCやポリフェノールなど、れんこんの有効成分は水に溶けやすいため、水にさらさないのが正解。手早く焼き、ビタミンCの損失をなるべく減らしましょう。

副 菜　〔ダイエット〕〔腸活〕〔美肌〕

ねばねば成分のペクチンが血糖値の急上昇を抑制する

オクラの白だし漬け

1人分
11 kcal
塩分 **0.4**g
たんぱく質 **0.6**g
脂質 **0.1**g

材料（2〜3人分）

オクラ… 8本（80g）

A　白だし、水 …各大さじ2
　　砂糖…小さじ1

塩…少々

作り方

1 オクラはガクのまわりをむき、塩をふって板ずりする。熱湯で30秒ほどゆで、冷水で冷まし水けをきる。

2 保存容器にAを混ぜ合わせて**1**を漬け、ふたをして冷蔵する。

★一晩漬けてからが食べごろです。

■ 保存期間　　■ 詰めるときは

冷蔵 3〜4日　　汁けをきって入れる

TERITERIYAKI
BENTO!

こくうましょうが焼き弁当

しょうがをたっぷりきかせ、甘辛いたれで焼きからめる豚のしょうが焼き。オーソドックスな一品ですが、玉ねぎのすりおろしを加え、冷めてもしっとり感をキープさせるのが中井流。副菜には、SNSでヒットしたたらこ炒めを添えて、彩りよくまとめました。

疲労回復　冷えケア　貧血ケア　美肌　アンチエイジング

ごはん(茶碗1杯150g)
252kcal / 塩分 0.0g /
たんぱく質 3.8g / 脂質 0.5g
★好みで桜大根を添える。

★好みでせん切り
キャベツを添える。

1人分
578kcal
塩分 **2.0**g
たんぱく質 **24.0**g
脂質 **19.9**g

体にいいお弁当 MEMO

脂肪燃焼や血行促進作用が期待できるしょうがと、疲労回復に役立つ豚肉を使った主菜は食べごたえ満点。副菜は、ビタミンEや亜鉛などを含むたらこ、ビタミン豊富な野菜の炒めもので、うまみとバランスをアップ!

主菜 〔疲労回復〕〔冷えケア〕〔貧血ケア〕

しょうがの辛み成分が血行を促進
こくうましょうが焼き

1人分
265 kcal
塩分 **1.5g**
たんぱく質 **17.0g**
脂質 **17.4g**

材料（2〜3人分）

豚しょうが焼き用肉 … 250g

A ┃ しょうゆ … 大さじ 1 と ½
　┃ 酒、砂糖 … 各大さじ 1
　┃ しょうがのすりおろし … 2 かけ分
　┃ 玉ねぎのすりおろし … ¼ 個分

サラダ油 … 小さじ 1

作り方

1 Aは混ぜ合わせる。

2 フライパンにサラダ油を中火で熱し、豚肉を広げ入れる。焼き色がついたら裏返し、**1**を加え、照りが出るまで焼きからめる。

3 保存容器に入れ、冷めたらふたをして冷凍する。

🧊 保存期間　　　　　　📦 詰めるときは
冷凍 2週間／冷蔵 3〜4日　電子レンジで加熱

S H O G A Y A K I
B E N T O !

副菜 〔美肌〕〔アンチエイジング〕

ピーマンとにんじんのβ-カロテンで若々しい肌に
ピーマンとにんじんの
たらこ炒め

1人分
61 kcal
塩分 **0.5g**
たんぱく質 **3.2g**
脂質 **2.0g**

材料（2〜3人分）

ピーマン … 3 個（120g）

にんじん … 1 本（200g）

たらこ … ½ 腹（30g）

サラダ油 … 小さじ 1

作り方

1 ピーマンはヘタと種を取り、縦に細切りにする。にんじんは皮をむき、4〜5cm長さの細切りにする。たらこは 5mm厚さに切る。

2 フライパンにサラダ油を中火で熱し、ピーマンとにんじんを炒める。しんなりとしたら、たらこを加えてたらこが白っぽくなるまで炒める。保存容器に入れ、冷めたらふたをして冷蔵する。

🧊 保存期間　　　　　　📦 詰めるときは
冷蔵 3〜4日　　　　　　電子レンジで加熱

【 油調理で脂溶性ビタミンの吸収UP 】　ヘルシー
POINT!

緑黄色野菜に豊富なβ-カロテンと、たらこに含まれるビタミンEはともに脂溶性のため、油で炒めることで吸収率がアップします。

塩さばのカレー粉焼き弁当

「青魚をおいしく食べられる作りおきおかずを知りたい！」という声にこたえて考案した、塩さばのカレー粉焼き。特有のくさみがなく、くり返し作りたい一品です。スパイシーな主菜には、甘みのあるごまあえを添えてホッとする組み合わせが完成。

雑穀入りごはん
（茶碗1杯150g）➡P18
245kcal / 塩分 0.0g /
たんぱく質 4.9g / 脂質 1.2g

1人分
564kcal
塩分**2.3**g
たんぱく質**28.8**g
脂質**20.9**g

主菜
**塩さばの
カレー粉焼き**➡P24
★好みでプチトマトを添える。

副菜
**さやいんげんの
ごまあえ**➡P24

体にいいお弁当 MEMO
悪玉コレステロールを減らすDHAや、中性脂肪を減らすEPAに富むさばを主菜にした魚弁当。副菜は、β-カロテンが豊富なさやいんげんと、カルシウムを含むごまを使ったあえもので、肌と骨の健康にも気を配ります。

OBENTO
BEST 6

焼き肉風味のそぼろ弁当

そのまま詰めてもいいし、野菜やきのこ合わせてアレンジもしやすい鶏そぼろ。インスタでも高い支持を得た作りおきおかずを、焼き肉のたれで手軽にアレンジ。カラフル野菜を塩昆布であえた、おいしさテッパンの一品を添えて満足感の高いランチタイムに。

 美肌 疲労回復  ダイエット 貧血ケア

【主菜】
焼き肉風味のそぼろ → P25

【副菜】
小松菜とにんじんの塩昆布あえ → P25

1人分
510kcal
塩分 **1.8**g
たんぱく質 **23.3**g
脂質 **15.6**g

ごはん（茶碗1杯150g）
252kcal／塩分0.0g／
たんぱく質3.8g／脂質0.5g
★好みで桜大根を添える。

体にいいお弁当 MEMO
ノンオイルでヘルシーなそぼろに、緑黄色野菜をダブルでとれる塩昆布あえをたっぷりと。鶏ひき肉には、不足すると感染症への抵抗力を低下させるビタミンAが多く、風邪をひきやすい人などにはとくにおすすめです。

OBENTO BEST 5 　塩さばのカレー粉焼き弁当

【主菜】 [ダイエット] [疲労回復] [貧血ケア]　　　　【副菜】 [美肌] [アンチエイジング]

豊富なDHAとEPAが脳を活性化

塩さばのカレー粉焼き

ごまの抗酸化成分でアンチエイジング

さやいんげんのごまあえ

1人分
268kcal
塩分1.4g
たんぱく質21.4g
脂質17.5g

1人分
51kcal
塩分0.9g
たんぱく質2.5g
脂質2.2g

材料（2人分）

塩さば…2切れ
カレー粉…小さじ1
小麦粉…小さじ2
オリーブ油…小さじ1

作り方

1　さばはペーパータオルではさんで包み、余分な水けをとる。カレー粉をふり、小麦粉をまぶす。

2　フライパンにオリーブ油を中火で熱し、1を入れ、火が通るまで両面3〜4分ずつ焼く。保存容器に入れ、冷めたらふたをして冷凍する。

保存期間
冷凍2週間／冷蔵3〜4日

詰めるときは
電子レンジで加熱

材料（2〜3人分）

さやいんげん…200g
A｜白すりごま…大さじ2
　｜しょうゆ…大さじ1
　｜砂糖…小さじ2

作り方

1　さやいんげんはヘタを取り、熱湯でさっとゆで、冷水で冷やす。水けをきり、食べやすい長さに切る。

2　ボウルにAを混ぜ合わせ、1を加えてあえる。保存容器に入れ、ふたをして冷蔵する。

保存期間
冷蔵3〜4日

詰めるときは
汁けをきって入れる

【 カレー粉でデトックス＆老化を防止 】 ヘルシー POINT!

カレー粉の黄色い色素・クルクミンには抗酸化パワーがあり、解毒作用や老化を防止する作用が期待できるといわれています。魚のくさみがやわらぎ、おいしくなる効果もアリ。

 主菜 美肌 疲労回復 　　　 **副菜** 貧血ケア 美肌　ダイエット

オイルフリーで冷めても美味

焼き肉風味のそぼろ

1人分
216 kcal
塩分 **1.5g**
たんぱく質 **18.3g**
脂質 **12.3g**

材料（2～3人分）

鶏ひき肉 … 300g

好みの焼き肉のたれ … 大さじ4

作り方

1 フライパンにひき肉、焼き肉のたれ、水150mlを入れて混ぜ、中火にかける。菜箸で混ぜながら、汁けがとんでそぼろ状になるまで炒り煮する。

2 シリコンカップに等分に入れて保存容器に並べ、冷めたらふたをして冷凍する。

🗓 保存期間　　　　🌱 詰めるときは

冷凍 2週間／冷蔵 3～4日　　電子レンジで加熱

【 焼き肉だれで味つけは即完成！ 】　クッキング **POINT!**

ひき肉と混ぜて加熱するだけで、味がピタリとキマル焼き肉のたれ。失敗知らずで時短にもなるので、常備すると便利。

小松菜で鉄をチャージ

小松菜とにんじんの塩昆布あえ

1人分
42 kcal
塩分 **0.3g**
たんぱく質 **1.2g**
脂質 **2.8g**

材料（2～3人分）

小松菜 … 1束（150g）

にんじん … 1/3本（70g）

A｜ごま油 … 小さじ2
　｜塩昆布 … 適量

作り方

1 小松菜は根元を切り落とし、4cm長さに切る。にんじんは皮をむいて4cm長さの細切りにする。耐熱容器に入れてラップをふんわりとかけ、電子レンジで3分ほど加熱する。

2 1の水けをきり、Aを加えて混ぜる。保存容器に入れ、冷めたらふたをして冷蔵する。

🗓 保存期間　　　　🌱 詰めるときは

冷蔵 3～4日　　　汁けをきって入れる

さけとブロッコリーの
ハニマスソテー弁当

SNSで人気の「鶏肉とブロッコリーのハニーマスタード焼き」を、さけでアレンジ。まろやかな甘みが後を引く主菜には、赤とうがらしをきかせた、きのこのめんつゆ漬けを添え、キリッと味をひきしめます。

 冷え
ケア 疲労
回復 アンチ
エイ
ジング 美肌 腸活

★好みでプチトマトを添える。

1人分
525kcal
塩分 **3.2g**
たんぱく質 **27.3g**
脂質 **11.5g**

ごはん(茶碗1杯150g)
252kcal / 塩分 0.0g /
たんぱく質 3.8g / 脂質 0.5g
★好みで梅干しをのせる。

体にいいお弁当 MEMO

ビタミンEやビタミンDが豊富で、冷えの改善や骨粗しょう症の予防によい影響をもたらすといわれている、さけ。低糖質で、栄養価が高いブロッコリーを加えてボリューム満点の主菜にしました。副菜には、きのこのめんつゆ漬けを添え、腸活対策もバッチリ。

主菜 冷えケア 疲労回復 アンチエイジング 美肌

さけとブロッコリーの ハニマスソテー

1人分
196kcal
塩分 2.2g
たんぱく質 20.7g
脂質 6.7g

材料（2〜3人分）

生ざけ…3切れ（240g）
ブロッコリー…½株（100g）
塩、こしょう…各少々
酒…小さじ1
片栗粉…大さじ1
A｜粒マスタード…大さじ2
　｜はちみつ…大さじ1と½
　｜しょうゆ…大さじ1
サラダ油…小さじ1

保存期間
冷凍 2週間
冷蔵 3〜4日

詰めるときは
電子レンジで加熱

作り方

1 ブロッコリーは小房に分け、茎は下の写真の要領でせん切りにする。耐熱容器に入れてラップをふんわりとかけ、電子レンジで1分30秒ほど加熱して水けをきる。

2 さけはペーパータオルではさんで包み、余分な水けをとり、ひと口大のそぎ切りにする。塩、こしょう、酒をふり、片栗粉をまぶす。Aは混ぜ合わせる。フライパンにサラダ油を中火で熱し、さけを入れ、火が通るまで両面3〜4分ずつ焼く。

3 1とAを加えてさっと炒め、シリコンカップに等分に入れて保存容器に並べ、冷めたらふたをして冷凍する。

【 茎はせん切りにして食べよう！ 】 ヘルシー POINT!

房以上に食物繊維を含むブロッコリーの茎。薄切りにしてからせん切りにすると食べやすいので、余さず食べて。

副菜 腸活 ダイエット

焼ききのこの めんつゆ漬け

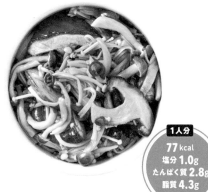

1人分
77kcal
塩分 1.0g
たんぱく質 2.8g
脂質 4.3g

材料（2〜3人分）

しいたけ…4枚（60g）
しめじ…1パック（100g）
えのきだけ…½袋（100g）
A｜めんつゆ（3倍濃縮）、水…各大さじ2
　｜みりん…大さじ1
　｜赤とうがらしの小口切り…小さじ1
ごま油…大さじ1

作り方

1 しいたけは石づきを取って半分に切り、しめじは石づきを取って小房に分ける。えのきだけは石づきを取って長さを半分に切ってほぐす。Aは混ぜ合わせる。

2 フライパンにごま油を中火で熱し、きのこを広げ入れる。あまり動かさずに焼き、しんなりとしたらAを加え、ふたをして2分ほど煮る。

3 保存容器に入れ、冷めたらふたをして冷蔵する。

保存期間
冷蔵 3〜4日

詰めるときは
汁けをきって入れる

HANIMASU BENTO!

タンドリーチキン弁当

「冷めてもすっごくおいしい！」とSNSでもうれしい声多数のタンドリーチキン。副菜は、オイスターソースのテリ感がたまらないパプリカの炒めものを入れ、パーフェクトなバランスに。

主菜 美肌 疲労回復

> **1人分**
> 162kcal
> 塩分 1.7g
> たんぱく質 25.4g
> 脂質 3.9g

鶏肉の疲労回復成分・イミダペプチドでお疲れ解消

タンドリーチキン

材料（2〜3人分）
鶏むね肉（皮なし）1枚（300g）　A《プレーンヨーグルト大さじ3　カレー粉、トマトケチャップ各大さじ1　にんにくのすりおろし、しょうがのすりおろし各小さじ1　塩小さじ⅔　こしょう少々》　サラダ油小さじ1

作り方

1 鶏肉はひと口大のそぎ切りにする。保存用ポリ袋にAと入れてもみ込み、半日からひと晩漬ける。

2 フライパンにサラダ油をひき、1を並べて中火にかける。火が通るまで両面3〜4分ずつ焼く。シリコンカップに等分に入れて保存容器に並べ、冷めたらふたをして冷凍する。

保存期間　冷凍 2週間／冷蔵 3〜4日

詰めるときは　電子レンジで加熱

副菜 美肌 アンチエイジング

> **1人分**
> 43kcal
> 塩分 1.3g
> たんぱく質 1.3g
> 脂質 1.8g

抗酸化ビタミン豊富なパプリカで美肌に

パプリカの炒めもの

材料（2〜3人分）
パプリカ（赤、黄）各½個（各100g）　A《オイスターソース大さじ1　塩、こしょう各少々》　白いりごま適量　サラダ油小さじ1

作り方

1 パプリカはヘタと種を取り、縦に1cm幅に切る。

2 フライパンにサラダ油を中火で熱し、パプリカを2分ほど炒め、Aを加えてさっと炒める。

3 いりごまをふって混ぜ、保存容器に入れ、冷めたらふたをして冷蔵する。

保存期間　冷蔵 3〜4日

詰めるときは　電子レンジで加熱

 ★好みで黒ごまをふる。

★好みでサラダ菜を添える。

美肌 ダイエット

> **1人分**
> 453kcal
> 塩分 3.0g
> たんぱく質 30.9g
> 脂質 7.2g

体にいいお弁当 MEMO

不足すると肌荒れの一因になるといわれている、ナイアシンが豊富な鶏むね肉をタンドリーチキンに。ビタミン類をバランスよく含むパプリカの炒めものも添えて、美肌効果をねらいます。

玄米ごはん 150g
248kcal／塩分 0.0g／たんぱく質 4.2g／脂質 1.5g

★玄米ごはんの炊き方…
玄米を研いだら水に8時間ほどひたし、炊飯器の玄米モードで炊く。

やみつきプルコギ弁当

みんなの大好きな韓国料理を詰め込んだ、韓流2品弁当。ガッツリ味の主菜には、SNSで「やみつきになる！」と話題のもやしのナムルを、大豆もやしでアレンジしてイン。

主菜 美肌 冷えケア

1人分
294kcal
塩分 2.2g
たんぱく質 13.4g
脂質 20.3g

牛肉に豊富な鉄で
冷え＆貧血対策

やみつきプルコギ

材料（2～3人分）
牛こま切れ肉210g　ピーマン2個（80g）　にんじん¼本（50g）　玉ねぎ½個（100g）　A《しょうゆ大さじ2　酒、砂糖各大さじ1　オイスターソース大さじ½　にんにくのすりおろし、しょうがのすりおろし各小さじ½》　白いりごま適量　ごま油小さじ1

作り方
1. ボウルにAを混ぜ合わせ、牛肉を加えてもみ込む。
2. ピーマンはヘタと種を取り、縦に細切りにする。にんじんは皮をむき、3～4cm長さの細切りにする。玉ねぎは薄切りにする。
3. フライパンにごま油を中火で熱して2を炒め、油が回ったら1を加えてさらに炒める。肉に火が通ったらいりごまをふる。シリコンカップに等分に入れて保存容器に入れ、冷めたらふたをして冷凍する。

保存期間　冷凍2週間　冷蔵3～4日
詰めるときは　電子レンジで加熱

副菜 腸活 ダイエット

1人分
32kcal
塩分 0.9g
たんぱく質 2.7g
脂質 1.4g

大豆もやしの食物繊維で
糖質の吸収をセーブ

大豆もやしのナムル

材料（2～3人分）
大豆もやし1袋（200g）　A《砂糖、顆粒鶏ガラスープの素各小さじ½　塩小さじ⅓　白いりごま適量》

作り方
1. 大豆もやしは好みでひげ根を取り、熱湯で1分30秒ゆでて湯をきる。
2. ボウルにAを混ぜ合わせ、1を加えて混ぜる。保存容器に入れ、冷めたらふたをして冷蔵する。

保存期間　冷蔵3～4日
詰めるときは　電子レンジで加熱

美肌 冷えケア

1人分
578kcal
塩分 3.1g
たんぱく質 19.9g
脂質 22.2g

★好みで青のりをふる。

体にいいお弁当 MEMO
必須アミノ酸をはじめ、たんぱく質や鉄が豊富な牛肉を使って人気のプルコギに。副菜のナムルは、もやしより栄養価が高い大豆もやしを使って、たんぱく質や食物繊維を補給。豆の食感で食べごたえも高めます。

ごはん 150g
252kcal / 塩分 0.0g / たんぱく質 3.8g / 脂質 0.5g

★好みでゆでてブロッコリー（P62）を添える。

ふわふわ豆腐ハンバーグ弁当

「ふっくらした口あたりで、ひき肉だけで作るよりおいしい！」と、もはや定番ともいえる豆腐ハンバーグ。淡泊になりがちな一品を、塩麹で味つけしてうまみを倍増させるのが私流です。副菜は、みそと相性抜群のなす、ピーマンを炒め合わせて満足度の高いお弁当に。

ダイエット アンチエイジング 美肌 疲労回復

1人分
607 kcal
塩分 **2.7** g
たんぱく質 **25.4** g
脂質 **19.4** g

★好みで
プチトマトを添える。

★好みで塩をふった
焼きズッキーニ (P62) を添える。

ごはん (茶碗1杯150g)
252kcal / 塩分 0.0g /
たんぱく質 3.8g / 脂質 0.5g
★好みで赤しそのふりかけをふる。

体にいいお弁当 MEMO
高たんぱく、低脂質な鶏ひき肉で作った肉だねに、イソフラボンたっぷりな豆腐を加えたヘルシーハンバーグ。あっさりめの主菜には、甘じょっぱいなすとピーマンの炒めものを添えてバランスのよいランチに。動物性と植物性、2つのたんぱく質をとりつつビタミン類もしっかり補います。

主菜 | ダイエット | アンチエイジング | 美肌 | 疲労回復

調味料は塩麹だけなのにうまみ豊か

ふわふわ豆腐ハンバーグ

1人分
230 kcal
塩分 **1.4g**
たんぱく質 **18.5g**
脂質 **13.5g**

材料（2〜3人分）

鶏ひき肉 … 250g

木綿豆腐 … ½丁（150g）

玉ねぎ … ½個（100g）

塩麹 … 大さじ2

サラダ油 … 小さじ1

作り方

1 豆腐は手で軽くはさみ、水けをきる。玉ねぎはみじん切りにする。

2 ボウルにひき肉、**1**、塩麹を入れ、手で豆腐をくずしながら粘りが出るまで練り混ぜ、6等分して平たく丸める。

3 フライパンにサラダ油をひき、**2**を並べる。中火にかけ、焼き色がついたら裏返し、ふたをして火が通るまで3分ほど焼く。

4 保存容器に入れ、冷めたらふたをして冷凍する。

 保存期間
冷凍 2週間／冷蔵 3〜4日

詰めるときは
電子レンジで加熱

【 豆腐で糖質オフ！ 】

ヘルシー
POINT!

豆腐を手で軽くはさみ、水けをきってから肉だねにミックス。つなぎ代わりになって糖質オフでき、かさ増しにもなります。

副菜 | 美肌

なすの紫色の成分・ナスニンで紫外線に負けない肌に

なすとピーマンのみそ炒め

1人分
125 kcal
塩分 **1.3g**
たんぱく質 **3.1g**
脂質 **5.4g**

材料（2〜3人分）

なす … 3本（180g）

ピーマン … 3個（120g）

A ┃ みそ、みりん … 各大さじ2
　 ┃ 砂糖 … 大さじ1
　 ┃ 赤とうがらしの小口切り … 小さじ1

サラダ油 … 大さじ1

作り方

1 なすはヘタを取ってひと口大の乱切りにする。ピーマンはヘタと種を取り、ひと口大の乱切りにする。Aは混ぜ合わせる。

2 フライパンにサラダ油となすを入れ、なすに油をなじませる。ふたをして弱めの中火にかけ、3分蒸し焼きにする。ふたを取り、ピーマンを加えて炒め、しんなりしたらAを加えて炒め合わせる。保存容器に入れ、冷めたらふたをして冷蔵する。

 保存期間
冷蔵 3〜4日

 詰めるときは
電子レンジで加熱

HAMBURG
STEAK
BENTO!

SNSで話題沸騰！

常備菜にもおすすめ

体にいいポリポリ野菜

#01

「野菜がたくさん食べられる」「やみつきになった！」と、私のYouTube「食堂あさごはん」で大人気の、
ポリポリ大根＆ポリポリきゅうり。にんじんやセロリなど身近な野菜を使ったバリエとともに紹介します。
お弁当の彩りや、ちょっと何かたしたいときに役立ちます。

※このページのレシピは約8人分です。

〔基本の調味液〕 しょうゆ…80㎖　酢…80㎖　砂糖…50g
赤とうがらしの小口切り…小さじ1

保存期間　冷蔵 4～5日

詰めるときは　汁けをきって入れる

美肌 | ダイエット　セロリ、にんじん、かぶ、きゅうり、大根 | アンチエイジング　にんじん

a

b

c

YouTubeで **57万回** 再生！

 d

 e

YouTubeで **563万回** 再生された超話題の1品

ⓐ ポリポリセロリ

セロリ200gは筋を取って5㎝長さ、1㎝角の棒状に切る。保存容器に入れ、ひと煮立ちさせた基本の調味液を熱いうちに注ぎ、冷蔵室で半日ほど漬ける。

1人分　14kcal / 塩分 0.5g
たんぱく質 0.4g / 脂質 0.0g

ⓑ ポリポリにんじん

にんじん400gは皮をむき、5㎝長さ、1㎝角の棒状に切る。保存容器に入れ、ひと煮立ちさせた基本の調味液を熱いうちに注ぎ、冷蔵室で半日ほど漬ける。

1人分　30kcal / 塩分 0.6g
たんぱく質 0.6g / 脂質 0.1g

ⓒ ポリポリかぶ

かぶ3個（300g）は皮つきのまま8等分に切る。保存容器に入れ、ひと煮立ちさせた基本の調味液を熱いうちに注ぎ、冷蔵室で半日ほど漬ける。

1人分　18kcal / 塩分 0.5g
たんぱく質 0.5g / 脂質 0.0g

ⓓ ポリポリきゅうり

きゅうり3本（300g）は1㎝厚さに切って保存容器に入れ、ひと煮立ちさせた基本の調味液を熱いうちに注ぎ、冷蔵室で半日ほど漬ける。

1人分
16kcal
塩分 0.5g
たんぱく質 0.7g
脂質 0.0g

ⓔ ポリポリ大根

大根350gは皮つきのまま、5㎝長さ、1㎝角の棒状に切る。保存容器に入れ、ひと煮立ちさせた基本の調味液を熱いうちに注ぎ、冷蔵室で半日ほど漬ける。

1人分
18kcal
塩分 0.5g
たんぱく質 0.5g
脂質 0.0g

PART

2

週末に作りおく6品で

ラクラク
1週間弁当

2週分紹介！

週末におかずを6品作りおき、平日5日間はそれを組み合わせたり、アレンジしたりして詰めるだけ！ 段取り表と、1週目には動画もついているのでわかりやすい！ さっそくはじめてみませんか。

📅 体にいい → お弁当生活 1 週目

週末 の作りおき用

《食材リスト》

- ☐ 鶏むね肉 …小1枚(250g)
- ☐ 豚ロースしゃぶ しゃぶ用肉…150g
- ☐ 合いびき肉 …100g
- ☐ ベーコン …1枚(20g)
- ☐ れんこん …100g
- ☐ にんじん …1本(200g)
- ☐ ブロッコリー …1株(200g)
- ☐ キャベツ …¼個(250g)
- ☐ 玉ねぎ …¾個(150g)

【 体にいい週末の作りおき 6 品の段取り表 】

1 野菜の 塩麹漬け ➡ P36 ｜ にんじん、れんこんを切る → ゆでて水けをきり、塩麹と混ぜる → 完成

2 ブロッコリー のおかかあえ ➡ P36 ｜ ブロッコリーを小房に分ける → 電子レンジで加熱し、調味料と混ぜる → 完成

3 切り干し大根 のコンソメ煮 ➡ P36 ｜ にんじん、玉ねぎ、ベーコンを切る

4 チリコンカン ➡ P37

5 豚しゃぶと キャベツの ごまあえ ➡ P37

6 鶏チャーシュー ➡ P37

リストを参考に食材をそろえたら、まずは1週間分の作りおきおかず作りにチャレンジ。
野菜や乾物をたっぷり使った、バランスがよい2品弁当がサクッと作れますよ。

 当日 の朝用

- [ ] ミックスビーンズ缶
  …60g
- [ ] 卵…1個

- [ ] トマト水煮缶 **カットタイプ**
  …200g
- [ ] コーン缶
  …25g
- [ ] 豆苗
  …50g

- [ ] 切り干し大根
  …25g
- [ ] ピザ用チーズ
  …10g
- [ ] パスタ
  …80g

※塩麹、チリパウダー、削り節、すりごま、しょうが、にんにく、ごはんなどの常備食材や調味料がない場合はそろえましょう。

 CHECK HERE!

動画を見ながら一緒に作ろう！
P34〜37で紹介する作りおきおかずと、それを利用した1週間分のお弁当作りを動画でご紹介。この本だけの限定動画で、詳しい作り方やポイントをわかりやすくレクチャーします。今すぐアクセスしてみて！

栄養が逃げないように、水にはひたさず、さっと洗えばOK！

切り干し大根は洗って水けをきる → 炒めて落としぶたをして煮る → **完成**

玉ねぎを切る → 玉ねぎ、ひき肉を炒め、トマト水煮、ミックスビーンズなどと煮る → **完成**

キャベツを切る → キャベツ、豚肉の順にゆで、水けをきる → 調味料とあえる → **完成**

フォークで刺すとしっとりやわらかになる！

鶏肉の両面をフォークで刺し、調味料をからめる → 電子レンジで加熱する → **完成**

週末の作りおき6品のレシピ

① 火金曜日に使用

1人分
57 kcal
塩分 0.5g
たんぱく質 1.4g
脂質 0.2g

腸活　ダイエット

② 月水曜日に使用

1人分
43 kcal
塩分 1.0g
たんぱく質 5.9g
脂質 0.5g

美肌　アンチエイジング

③ 火木曜日に使用

1人分
119 kcal
塩分 0.9g
たんぱく質 3.0g
脂質 6.1g

腸活　むくみケア

塩麹で味が一発でキマル！

野菜の塩麹漬け

材料（2人分）

にんじん… ½本（100g）
れんこん… 100g
A｜水… 500mℓ
　｜酢… 大さじ ½
塩麹… 大さじ1と⅓

作り方

1 にんじんとれんこんは皮をむき、3〜4cm長さ、1cm角の棒状に切る。

2 鍋にAを入れて煮立たせ、1を入れて1分30秒〜2分ゆでて湯をきる。

3 保存容器に2、塩麹を入れてさっと混ぜる。冷めたらふたをして冷蔵する。

★2時間後くらいからが食べごろです。

保存期間 冷蔵 5〜6日

削り節で水っぽくならない！

ブロッコリーのおかかあえ

材料（2人分）

ブロッコリー… 1株（200g）
しょうゆ… 小さじ2
削り節… 1パック（5g）

作り方

1 ブロッコリーは小房に分け、茎は皮を厚めにむいて食べやすい大きさの短冊切りにする。耐熱容器に入れ、ふたかラップをふんわりとかけ、電子レンジで2分30秒ほど加熱する。

2 1の水けをきり、しょうゆ、削り節を加えて混ぜる。保存容器に入れ、冷めたらふたをして冷蔵する。

保存期間 冷蔵 3〜4日

切り干し大根でファイバー補給

切り干し大根のコンソメ煮

材料（2人分）

切り干し大根… 25g
にんじん… ½本（100g）
玉ねぎ… ¼個（50g）
ベーコン… 1枚（20g）
A｜水… 200mℓ
　｜顆粒コンソメスープの素… 小さじ1
オリーブ油… 小さじ1
好みでパセリ（ドライ）… 適量

作り方

1 にんじんは皮をむき、3〜4cm長さの短冊切りにし、玉ねぎは薄切りにする。ベーコンは1cm幅に切る。

2 切り干し大根はさっと洗って、水けをきる。

3 鍋にオリーブ油を中火で熱し、1を入れて炒める。油が回ったら、Aと2を加え、落としぶたをして弱火で汁けがほとんどなくなるまで煮る。保存容器に入れて好みでパセリをふり、冷めたらふたをして冷蔵する。

保存期間 冷蔵 4〜5日

主菜3品と、野菜がメインの副菜が3品。肉や野菜のほかに、
乾物や豆の缶詰、発酵調味料の塩麹も使ってヘルシーに仕上げました。

④ 木金曜日に使用

1人分
237 kcal
塩分 **2.3**g
たんぱく質 **15.0**g
脂質 **14.0**g

冷え
ケア

貧血
ケア

⑤ 火水曜日に使用

1人分
171 kcal
塩分 **0.9**g
たんぱく質 **18.3**g
脂質 **10.3**g

疲労
回復

美肌

⑥ 月水曜日に使用

1人分
213 kcal
塩分 **1.5**g
たんぱく質 **27.4**g
脂質 **7.4**g

ダイ
エット

疲労
回復

ひき肉は赤身を選ぶとヘルシー

チリコンカン

材料（2人分）

合いびき肉…100g
玉ねぎ…½個（100g）
A｜トマト水煮缶（カットタイプ）
　　…200g
　　ミックスビーンズ缶…60g
　　固形コンソメスープの素
　　…½個
　　チリパウダー…小さじ1
塩、こしょう…各少々
オリーブ油…小さじ1

作り方

1 玉ねぎはみじん切りにする。
2 鍋にオリーブ油を中火で熱し、**1**を入れて透き通るまで炒める。ひき肉を加えて炒め、肉の色が変わったらAを加え、弱めの中火で汁けが少なくなるまで煮る。
3 塩、こしょうで味をととのえて保存容器に入れ、冷めたらふたをして冷蔵する。

🗓 **保存期間**　冷蔵 5～6日

豚肉をゆでて脂をオフ

豚しゃぶと
キャベツのごまあえ

材料（2人分）

豚ロース
　しゃぶしゃぶ用肉…150g
キャベツ…¼個（250g）
酒…大さじ1
A｜しょうゆ、白すりごま
　　…各小さじ2
　　砂糖、酢…各小さじ1

作り方

1 キャベツは芯を取り、1cm幅に切る。鍋に水1ℓを入れて煮立たせ、キャベツを入れて30～45秒ゆでる。冷水で冷やし、水けをしっかりしぼる。
2 **1**の湯に酒を加えて弱火にかけ、豚肉を1枚ずつ入れてゆで、湯をきる。
3 ボウルにAを混ぜ合わせ、**1**、**2**を加えてあえる。保存容器に入れ、冷めたらふたをして冷蔵する。

🗓 **保存期間**　冷蔵 3～4日

しっかり味しみおかず

鶏チャーシュー

材料（2人分）

鶏むね肉…小1枚（250g）
A｜しょうゆ、みりん
　　…各大さじ2
　　にんにくのすりおろし、
　　しょうがのすりおろし
　　…各小さじ½

作り方

1 鶏肉はフォークで両面を30回以上ずつ刺し、Aをからめる。耐熱容器に入れ、ふたかラップをふんわりとかけ、電子レンジで3分ほど加熱する。
2 **1**を取り出して裏返し、ラップをして3分ほど加熱する。
3 保存容器に入れ、冷めたらふたをして冷蔵する。

🗓 **保存期間**　冷蔵 3～4日

月曜日

週のはじめは、良質なたんぱく質を含む鶏肉と
栄養豊富なブロッコリーの組み合わせでパワーをチャージ

動画を見ながら
一緒に作ろう！

CHECK
HERE!

鶏チャーシューのっけ弁当

 ダイエット 美肌 疲労回復 むくみケア アンチエイジング

主菜 ダイエット 疲労回復

鶏むね肉ならではの低カロチャーシュー

鶏チャーシュー

⅔量を食べやすい厚さに切り、電子レンジで加熱
し、冷まして詰める。
好みでプチトマトを添える。

1人分
284 kcal
塩分 2.0g
たんぱく質 36.5g
脂質 9.9g

※1人分⅔量の
数値です。

鶏チャーシュー ➡ P37

副菜 美肌 むくみケア アンチエイジング

 ＋

ブロッコリーの
おかかあえ
➡ P36

コーン缶

コーンのカリウムが余分な水分を排出

ブロッコリーと
コーンの
おかかマヨあえ

1人分
92 kcal
塩分 1.2g
たんぱく質 6.5g
脂質 3.6g

材料（1人分）

ブロッコリーの
　おかかあえ（P36）… ½量
コーン缶 … 25g
マヨネーズ … 小さじ1

作り方

ボウルに材料を全部入れ、あえる。

主食

1人分
252 kcal
塩分 0.0g
たんぱく質 3.8g
脂質 0.5g

ごはん
（茶碗1杯150g）

ごはんにおかずをドーン
とのせた、のっけ弁スタ
イルに。おかずの味がし
みたごはんのおいしさが
格別で、おかず2品で大
満足できます。

体にいいお弁当 MEMO

高たんぱく、低脂質な鶏むね肉のチャーシューをのせたごはんに、ビタミン類が豊富で低糖質なブロッコリーのあえものをプラス。作り方はシンプルで、栄養バランスのよいお弁当です。

副菜
ブロッコリーとコーンのおかかマヨあえ

1人分
628kcal
塩分**3.2**g
たんぱく質**46.8**g
脂質**14.0**g

主菜
鶏チャーシュー

食物繊維が豊富な切り干し大根や発酵食品の
塩麹を利用したおかずで腸内環境を整えよう！

豚しゃぶとキャベツの
ごまあえ弁当

動画を見ながら
一緒に作ろう！

CHECK
HERE!

 腸活　 ダイエット　美肌　疲労回復

 主菜　 疲労回復　美肌

 副菜　 腸活　むくみケア

5

1人分
171kcal
塩分 0.9g
たんぱく質 18.3g
脂質 10.3g

豚しゃぶと
キャベツのごまあえ
→P37

3

1人分
119kcal
塩分 0.9g
たんぱく質 3.0g
脂質 6.1g

切り干し大根の
コンソメ煮
→P36

豚肉のビタミンB$_1$で
疲労回復＆イライラも解消
豚しゃぶと
キャベツのごまあえ

½量を電子レンジで加熱して詰める。

切り干し大根には鉄も豊富。
肉と食べ合わせて吸収UP
切り干し大根の
コンソメ煮

½量を電子レンジで加熱して詰める。
好みできゅうりの漬けものを添える。

主食　腸活　ダイエット

1

野菜の塩麹漬け
→P36

ごはん

野菜の塩麹漬けを混ぜて糖質オフ
野菜の塩麹漬け
混ぜごはん

1人分
224kcal
塩分 0.5g
たんぱく質 4.7g
脂質 0.6g

材料（1人分）
野菜の塩麹漬け（P36）… ½量
ごはん… 130g

作り方
野菜の塩麹漬けを1cm角に切り、ごはんと混ぜる。

体にいいお弁当 MEMO

食物繊維が豊富な切り干し大根や、腸にいい塩麹を使った腸活弁当。主菜に使われているすりごまは、コレステロールの低下や肝機能の改善をサポートする働きがあるといわれています。

副菜
切り干し大根の
コンソメ煮

主菜
豚しゃぶと
キャベツのごまあえ

1人分
514kcal
塩分 **2.3 g**
たんぱく質 **26.0 g**
脂質 **17.0 g**

主食
野菜の塩麹漬け
混ぜごはん

水曜日

週の半ばは、豚しゃぶキャベツを卵で巻いた
とんぺい焼きでまだまだがんばる！

とんぺい焼き弁当

動画を見ながら
一緒に作ろう！

CHECK HERE!

〔美肌〕〔疲労回復〕〔貧血ケア〕〔ダイエット〕

主菜 〔美肌〕〔疲労回復〕〔貧血ケア〕

卵の黄色で目にもおいしい

とんぺい焼き

1人分
282kcal
塩分 1.1g
たんぱく質 23.2g
脂質 16.4g

5 豚しゃぶと
キャベツのごまあえ
➡P37

＋ 卵

材料（1人分）
豚しゃぶとキャベツの
　ごまあえ（P37）… ½量
卵…1個
好みで中濃ソース、
　マヨネーズ、削り節
　…各少々
サラダ油…小さじ ½

作り方
1 卵はよく溶きほぐす。
2 フライパンにサラダ油を中火で熱し、1を流し入れ、薄焼き卵を作る。ラップに広げ、電子レンジで加熱した豚しゃぶとキャベツのごまあえをのせて包む。
3 弁当箱に詰めたら、好みで中濃ソース、マヨネーズをかけ、削り節をふる。

副菜 〔ダイエット〕〔疲労回復〕〔美肌〕

ピリッとした七味がクセになる

ブロッコリーと鶏の七味あえ

1人分
185kcal
塩分 2.0g
たんぱく質 24.2g
脂質 5.4g

2 ブロッコリーの
おかかあえ
➡P36

＋ **6** 鶏チャーシュー
➡P37

材料（1人分）
ブロッコリーの
　おかかあえ（P36）… ½量
鶏チャーシュー（P37）
　… ⅓量
七味とうがらし…適量

作り方
鶏チャーシューは食べやすく裂き、電子レンジで加熱する。ブロッコリーのおかかあえ、七味とうがらし少々とあえる。好みで、七味とうがらしをふる。

主食

1人分
202kcal
塩分 0.0g
たんぱく質 3.0g
脂質 0.4g

ごはん
（茶碗1杯120g）
★好みで梅干しをのせる。

手間がかかりそうなとんぺい焼きも、作りおきの豚しゃぶとキャベツのごまあえを薄焼き卵で包むだけだから手軽！

体にいいお弁当 **MEMO**

豚肉、卵、鶏肉。3種類のたんぱく質をとり、代謝や筋力アップをめざすパワフル弁当。免疫アップを助けるビタミンCが豊富なブロッコリーも入れて、無敵の組み合わせにしました。

主菜
とんぺい焼き

副菜
ブロッコリーと鶏の七味あえ

1人分
669kcal
塩分 **3.1**g
たんぱく質 **50.4**g
脂質 **22.2**g

チーズと切り干し大根、カルシウム食材の
ダブル使いで骨力を強化しよう！

チリコンカンの
チーズ焼き弁当

動画を見ながら
一緒に作ろう！

CHECK
HERE!

 冷え
ケア　貧血
ケア　腸活　美肌

主菜 冷え
ケア　貧血
ケア

チーズの香ばしい風味がたまらない！

チリコンカンの
チーズ焼き

 **1人分**
271 kcal
塩分 2.5g
たんぱく質 17.3g
脂質 16.6g

④

 ＋

チリコンカン
→P37

ピザ用
チーズ

材料（1人分）

チリコンカン（P37）
　…½量
ピザ用チーズ…10g
好みでサラダ菜…適量

作り方

1 アルミカップにチリコンカンを入れ、ピザ用チーズを散らす。
2 オーブントースターで6〜7分、チーズが溶けて焼き目がつくまで焼く。
3 好みでサラダ菜を添える。

副菜 腸活　ダイ
エット　美肌

レンチンした豆苗を混ぜるだけ！

切り干し大根と
豆苗のサラダ

1人分
132 kcal
塩分 1.0g
たんぱく質 5.0g
脂質 6.3g

③

 ＋

切り干し大根の
コンソメ煮
→P36

豆苗

材料（1人分）

切り干し大根の
　コンソメ煮（P36）…½量
豆苗…50g
ポン酢しょうゆ…小さじ½

作り方

1 豆苗は根元を切って耐熱容器に入れ、ふたかふんわりとラップをかけ、電子レンジで20〜30秒加熱して3cm長さに切る。
2 1に電子レンジで加熱した切り干し大根のコンソメ煮、ポン酢を混ぜる。

主食

1人分
252 kcal
塩分 0.0g
たんぱく質 3.8g
脂質 0.5g

ごはん
（茶碗1杯150g）

★好みで細かく切ったしば漬けをのせる。

【 合いびき肉は赤身を選んで！ 】

ヘルシー
POINT!

チリコンカンの合いびき肉を選ぶときは、なるべく赤身が多いものを選びましょう。白っぽいものは脂肪が多く含まれていて、高カロリーになりがちです。

体にいいお弁当 **MEMO**

カルシウムの豊富なチーズと切り干し大根を食べ合わせる、骨力アップランチ。さらに、緑黄色野菜の豆苗には、カルシウムの吸収を助けるビタミンKがたっぷり。おいしく食べて丈夫な骨作りを!

主菜

チリコンカンの
チーズ焼き

副菜

切り干し大根
と豆苗の
サラダ

1人分

655kcal
塩分 **3.5**g
たんぱく質 **26.1**g
脂質 **23.4**g

スパイシーなチリパウダーで代謝を上げ、
燃えやすく巡りのよい体をめざそう！

チリコンカンの
パスタ弁当

[冷え ケア] [貧血 ケア] [腸活]

動画を見ながら
一緒に作ろう！

CHECK HERE!

主菜 & 主食 [冷え ケア] [貧血 ケア]

豆のコロコロッとした食感がアクセント
チリコンカンのパスタ

1人分
559 kcal
塩分 **2.3**g
たんぱく質 **24.8**g
脂質 **17.5**g

チリコンカン
➡ P37

＋

パスタ

材料（1人分）
チリコンカン（P37）… ½ 量
パスタ … 80g
サラダ油 … 小さじ ½
好みでゆでブロッコリー
（P62）… 適量

作り方
1 熱湯でパスタを表示時間通りゆでて湯をきり、サラダ油をまぶす（パスタは半分に折ってゆでると食べやすい）。
2 電子レンジでチリコンカンを加熱し、1とあえ、好みでブロッコリーを添える。

副菜 [腸活] [ダイエット]

美肌にもいい野菜漬けを焼くだけ
野菜の塩麹漬けソテー

1人分
75 kcal
塩分 **0.5**g
たんぱく質 **1.4**g
脂質 **2.2**g

野菜の塩麹漬け
➡ P36

材料（1人分）
野菜の塩麹漬け（P36）
　… ½ 量
粗びき黒こしょう … 少々
サラダ油 … 小さじ ½

作り方
フライパンにサラダ油を中火で熱し、野菜の塩麹漬けをさっと炒め、黒こしょうをふる。

【根菜のおかずで食べすぎ防止】　　ヘルシー **POINT!**

根菜などかみごたえのある食材を使ったおかずは、満腹感を得やすく、食べすぎの予防になります。食後の高血糖を防ぐ食物繊維もとれ、いいことずくめ。

体にいいお弁当 **MEMO**

豆、肉、野菜がとれる栄養バランス抜群のチリコンカンを、パスタとからめた洋風弁当。チリパウダーには代謝アップを促進する働きがあり、燃えやすい体作りをサポートします。

主菜 & 主食
チリコンカンのパスタ

副菜
野菜の 塩麹漬けソテー

1人分
634kcal
塩分**2.8**g
たんぱく質**26.2**g
脂質**19.7**g

体にいい お弁当生活 **2** 週目

週末 の作りおき用

《食材リスト》

- ☐ 豚ロース厚切り肉 …2枚（200g）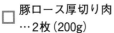
- ☐ 鶏ひき肉 …150g
- ☐ 生ざけ …2切れ（160g）

- ☐ ほうれん草 …1束（200g）
- ☐ 玉ねぎ …¼個（50g）
- ☐ にんじん …¼本（50g）

- ☐ しめじ …½パック（50g）
- ☐ しいたけ …3枚（45g） ×3
- ☐ えのきだけ …½袋（100g）

【 体にいい週末の作りおき **6** 品の段取り表 】

① 塩豚
→P50

豚肉に塩を
すり込む

---

② ひじきの煮もの
→P50

ひじきを
水にひたす → にんじん、玉ねぎ、
油揚げを切る

---

③ さけの焼き漬け
→P50

たれをひと煮
立ちさせる → フライパンで
さけを焼く

---

④ 鶏そぼろ
→P51

ひき肉や
調味料を
混ぜる

> ひき肉と調味料を
> 混ぜてから火にかけると、
> そぼろ状になりやすい！

---

⑤ きのこのマリネ
→P51

きのこを
切ったり、
ほぐしたりする

> 根元は四つ割りに
> するとおいしく
> 食べられる！

⑥ ほうれん草と
コーンの
ソテー →P51

ほうれん草
を切る

週末におかずを作りおきする生活にも慣れ、体調のよさを感じられたでしょうか。
2週目は、魚やきのこを使ってよりバリエーションのあるお弁当作りを楽しんで。

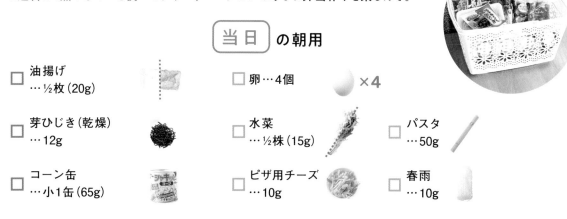

当日 の朝用

- ☐ 油揚げ
  …½枚 (20g)
- ☐ 卵…4個　×4
- ☐ 芽ひじき (乾燥)
  …12g
- ☐ 水菜
  …½株 (15g)
- ☐ パスタ
  …50g
- ☐ コーン缶
  …小1缶 (65g)
- ☐ ピザ用チーズ
  …10g
- ☐ 春雨
  …10g

※白だし、粒マスタード、バター、しょうが、ごはんなどの常備食材や調味料がない場合はそろえましょう。

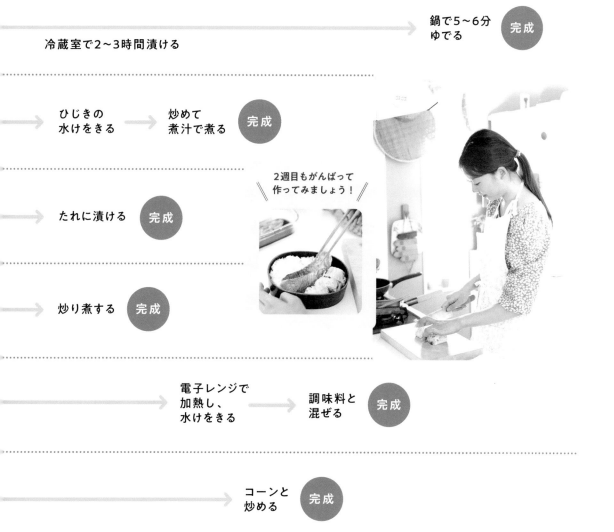

鍋で5～6分
ゆでる　**完成**

冷蔵室で2～3時間漬ける

ひじきの
水けをきる → 炒めて
煮汁で煮る **完成**

2週目もがんばって
作ってみましょう！

たれに漬ける **完成**

炒り煮する **完成**

電子レンジで
加熱し、
水けをきる → 調味料と
混ぜる **完成**

コーンと
炒める **完成**

 簡単！栄養バランスもGOOD！

週末 の作りおき 6 品のレシピ

1 木金曜日に使用

1人分
263 kcal
塩分 **0.7**g
たんぱく質 **19.3**g
脂質 **19.2**g

疲労回復　冷えケア

2 木金曜日に使用

1人分
123 kcal
塩分 **1.7**g
たんぱく質 **3.9**g
脂質 **4.6**g

腸活　ダイエット

3 月火曜日に使用

1人分
143 kcal
塩分 **0.8**g
たんぱく質 **18.2**g
脂質 **5.3**g

アンチエイジング　疲労回復

豚肉でお疲れケア

塩豚

材料（2人分）

豚ロース厚切り肉 … 2枚（200g）
塩 … 小さじ1

作り方

1 豚肉に塩をまぶし、冷蔵室で2～3時間漬ける。

2 鍋に**1**を入れ、肉がひたるくらい水を加えて沸かし、弱火で5～6分ゆでて火を通す。

3 保存容器に入れ、冷めたらふたをして冷蔵する。

🧊 **保存期間**　冷蔵 5～6日

カルシウムや食物繊維がとれる

ひじきの煮もの

材料（2人分）

芽ひじき（乾燥）… 12g
にんじん … ¼本（50g）
玉ねぎ … ¼個（50g）
油揚げ … ½枚（20g）
A｜ だし汁 … 200ml
　｜ 砂糖、しょうゆ、みりん
　｜ 　…各大さじ1
サラダ油 … 小さじ1

作り方

1 ひじきはたっぷりの水でもどし、水けをきる。にんじんは皮をむいて2～3cm長さの細切りにし、玉ねぎは薄切りにする。油揚げは湯を回しかけて湯をきり、2～3cm長さの短冊切りにする。

2 鍋にサラダ油を中火で熱し、にんじんと玉ねぎを入れて2分ほど炒める。ひじきと油揚げを加えてさっと炒め、Aを加え、落としぶたをして煮汁がほとんどなくなるまで弱火で煮る。保存容器に入れ、冷めたらふたをして冷蔵する。

🧊 **保存期間**　冷蔵 5～6日

冷めてもパサつかない

さけの焼き漬け

材料（2人分）

生ざけ … 2切れ（160g）
A｜ 酒、しょうゆ、みりん
　｜ 　…各大さじ1
サラダ油 … 小さじ1

作り方

1 小鍋にAを入れてひと煮立ちさせ、保存容器に入れる。

2 さけはペーパータオルではさんで包み、余分な水けをとる。フライパンにサラダ油を中火で熱し、さけを入れて火が通るまで両面3～4分ずつ焼き、**1**に漬ける。冷めたらふたをして冷蔵する。

🧊 **保存期間**　冷蔵 4～5日

豚、鶏、魚をバランスよく取り入れた主菜が3品に、野菜や乾物がたっぷりとれる
ヘルシーな副菜が3品。どれもシンプルな味つけでアレンジしやすいのが魅力。

★作りおき6品の段取りは、
P48〜49を参照してください。

4 火水曜日に使用

1人分
129 kcal
塩分 **2.1**g
たんぱく質 **18.6**g
脂質 **1.4**g

美肌 ／ 疲労回復

応用力抜群のお弁当おかず

鶏そぼろ

材料（2人分）
鶏ひき肉…150g
しょうゆ…大さじ1と½
酒、砂糖、みりん…各小さじ2
すりおろししょうが…小さじ1

作り方

1 フライパンに材料すべてと水50㎖を入れて混ぜ、中火にかける。菜箸で混ぜながら、汁けがとんでそぼろ状になるまで炒り煮する。

2 保存容器に入れ、冷めたらふたをして冷蔵する。

🗓 **保存期間** 冷蔵 3〜4日

5 月火水曜日に使用

1人分
76 kcal
塩分 **0.3**g
たんぱく質 **2.1**g
脂質 **6.3**g

ダイエット ／ 腸活

3種類のきのこで食物繊維を存分に

きのこのマリネ

材料（3人分）
しめじ…½パック（50g）
しいたけ…3枚（45g）
えのきだけ…½袋（100g）
A｜酢、オリーブ油…各大さじ2
　｜砂糖…小さじ1
　｜顆粒コンソメスープの素
　｜　…小さじ½
　｜こしょう…少々

作り方

1 しめじは石づきを取って小房に分け、しいたけは石づきを取って薄切りにする。えのきだけは石づきを取り、長さを3等分に切ってほぐす。

2 耐熱容器に**1**を入れ、ラップをふんわりとかけて電子レンジで2分ほど加熱する。

3 ボウルに**A**を混ぜ合わせ、水けをきった**2**を加えて混ぜる。保存容器に入れ、冷めたらふたをして冷蔵する。

🗓 **保存期間** 冷蔵 4〜5日

6 火水木曜日に使用

1人分
84 kcal
塩分 **0.8**g
たんぱく質 **3.0**g
脂質 **4.6**g

美肌 ／ 貧血ケア

ほうれん草の葉酸で貧血予防

ほうれん草とコーンのソテー

材料（3人分）
ほうれん草…1束（200g）
コーン缶…小1缶（65g）
バター…10g
塩、こしょう…各少々

作り方

1 ほうれん草は根元を四つ割りにし、5cm長さに切る。

2 フライパンにバターを中火で溶かし、ほうれん草を入れて炒める。しんなりしたら、缶汁をきったコーンを加えてさっと炒め、塩、こしょうで味をととのえる。

3 保存容器に入れ、冷めたらふたをして冷蔵する。

🗓 **保存期間** 冷蔵 4〜5日

月曜日

さけの抗酸化成分で肌の老化をケアし、きのこで腸活。
体内年齢を若返らせる理想の組み合わせです

さけの焼き漬け弁当

アンチエイジング / 腸活 / ダイエット / 疲労回復 / 貧血ケア

主菜
アンチエイジング / 疲労回復

さけの焼き漬け ➡ P50

さけのアスタキサンチンで、
サビない体に

さけの焼き漬け

1人分
143kcal
塩分 0.8g
たんぱく質 18.2g
脂質 5.3g

1切れを電子レンジで
加熱して詰める。

主食

ごはん
（茶碗1杯150g）

★好みで黒いりごまをふる。

1人分
252kcal
塩分 0.0g
たんぱく質 3.8g
脂質 0.5g

副菜
ダイエット / 腸活 / 貧血ケア

きのこのマリネ
➡ P51

卵

卵を加えて栄養とボリュームをアップ！

きのこの卵焼き

1人分
130kcal
塩分 0.5g
たんぱく質 6.6g
脂質 10.5g

材料（2～3人分）

きのこのマリネ（P51）
　…⅓量
卵…3個
白だし…小さじ1
サラダ油…小さじ1
好みでプチトマト…適量

★残った卵焼きは、夕飯などに
　利用を。

作り方

1　ボウルに卵を割り入れて溶きほぐし、汁けをきったきのこのマリネ、白だしを加えて混ぜる。

2　卵焼き器にサラダ油を中火で熱し、1の¼量ほどを流し入れて全体に広げ、まわりがかたまってきたら手前に向かって巻く。

3　巻いた卵を奥に滑らせ、残りの卵液の⅓量を流し入れる。巻いた卵の下にも流し入れて焼き、手前に巻く。巻き終わったら卵を奥に滑らせて移す。

4　これをあと2回繰り返して同様に焼き、冷めたら食べやすい大きさに切り、適量を詰める。好みでプチトマトを添える。

さけの皮には、DHAやEPA
をはじめ、美肌作りに関わる
コラーゲンも豊富。ぜひ皮ご
と食べましょう！

体にいいお弁当 **MEMO**

赤い色素成分・アスタキサンチンが、シミやしわを
防ぐといわれる、さけをのせたアンチエイジング弁
当。副菜では、食物繊維が豊富なきのこがどっさりと
れ、快腸効果も期待できます。

副菜
きのこの卵焼き

1人分
525 kcal
塩分 **1.3** g
たんぱく質 **28.6** g
脂質 **16.3** g

主菜
さけの焼き漬け

さけに豊富なビタミンDで、
チーズとほうれん草のカルシウムの吸収をアップ！

さけとほうれん草の
チーズ焼き弁当

 アンチエイジング　疲労回復　貧血ケア　ダイエット　腸活

主菜　アンチエイジング　疲労回復　貧血ケア

3　さけの焼き漬け ➡ P50
6　ほうれん草とコーンのソテー ➡ P51
ピザ用チーズ

コクうまチーズでおいしさ倍増

さけとほうれん草の
チーズ焼き

材料（1人分）

さけの焼き漬け（P50）… 1切れ
ほうれん草とコーンのソテー（P51）… ⅓量
ピザ用チーズ … 10g

作り方

1　さけの焼き漬けは汁けをきって粗くほぐし、ほうれん草とコーンのソテーと混ぜる。アルミカップに入れ、ピザ用チーズを散らす。

2　オーブントースターで6～7分、チーズが溶けて焼き目がつくまで焼く。

> **1人分**
> 233kcal
> 塩分 1.6g
> たんぱく質 22.5g
> 脂質 11.0g

副菜　ダイエット　腸活

5　きのこのマリネ ➡ P51

おなかスッキリ！

きのこのマリネ

⅓量をそのまま詰める。

> **1人分**
> 76kcal
> 塩分 0.3g
> たんぱく質 2.1g
> 脂質 6.3g

主食　美肌　疲労回復

4　鶏そぼろ ➡ P51
パスタ

ゆでたパスタとあえるだけ！

鶏そぼろパスタ

材料（1人分）

鶏そぼろ（P51）… ⅓量
パスタ … 50g
めんつゆ（3倍濃縮）
　… 小さじ2
ごま油 … 小さじ½
好みで貝割れ菜 … 適量

作り方

熱湯でパスタを表示時間通りゆでて湯をきり、ごま油をまぶす（パスタは半分に折ってゆでると食べやすい）。鶏そぼろを電子レンジで加熱してパスタ、めんつゆとあえ、好みで貝割れ菜を添える。

> **1人分**
> 304kcal
> 塩分 2.4g
> たんぱく質 19.0g
> 脂質 4.0g

体にいいお弁当 MEMO

高たんぱく、低糖質なさけとチーズを組み合わせた主菜に、超低カロリーなきのこのマリネを添えてダイエット向きに。主食のパスタはよくかんで、血糖値の急上昇に気をつけて。

1人分
613kcal
塩分 **4.3**g
たんぱく質 **43.6**g
脂質 **21.3**g

副菜
きのこのマリネ

主菜
さけとほうれん草の
チーズ焼き

主食
鶏そぼろパスタ

体力を温存したい水曜日は、レンジ蒸しで手軽に。
そぼろでたんぱく質を、きのことコーンで食物繊維をチャージ！

そぼろときのこの
レンジ蒸し弁当

美肌 腸活 貧血ケア 疲労回復

主菜 美肌 腸活 疲労回復

春雨にそぼろときのこのうまみがしみた
そぼろときのこの
レンジ蒸し

材料（1人分）
鶏そぼろ（P51）… ⅔量
きのこのマリネ（P51）… ⅓量
春雨… 10g

 +  +

鶏そぼろ
→P51

きのこのマリネ
→P51

春雨

作り方
1 耐熱容器に春雨と水50mlを入れ、鶏そぼろときのこのマリネをのせる。
2 1にラップをふんわりとかけ、電子レンジで1分30秒～2分加熱して混ぜる。

1人分
259kcal
塩分 3.0g
たんぱく質 26.2g
脂質 6.2g

副菜 美肌 貧血ケア

ほうれん草と
コーンのソテー
→P51

ほうれん草で鉄とビタミンCを補給
ほうれん草と
コーンのソテー

1人分
84kcal
塩分 0.8g
たんぱく質 3.0g
脂質 4.6g

⅓量を電子レンジで加熱して詰める。好みでプチトマトを添える。

主食

ごはん
（茶碗1杯150g）
★好みで薄切りのたくあんをのせる。

1人分
252kcal
塩分 0.0g
たんぱく質 3.8g
脂質 0.5g

【鶏ひき肉はむね肉をチョイス！】

ヘルシー
POINT！

鶏ひき肉を選ぶとき、使っている部位が表示されている場合は、迷わずむね肉をチョイス。もも肉のものより低脂肪でヘルシーです。

体にいいお弁当 MEMO

不足すると肌荒れの原因になるといわれている、ナイアシンが豊富な鶏肉に、肌のターンオーバーを促すビタミンB群を含むきのこをプラス。美肌を意識した主菜に、ほうれん草のソテーを添えたランチで肌力を上げましょう。

副菜
ほうれん草と
コーンのソテー

主菜
そぼろときのこの
レンジ蒸し

1人分
595 kcal
塩分 **3.8** g
たんぱく質 **33.0** g
脂質 **11.3** g

木曜日

糖質の代謝に欠かせないビタミンB$_1$が豊富な豚肉で
疲れをオフし、ほうれん草のビタミンCで肌の力を底上げ!

塩豚の卵炒め弁当

〔貧血ケア〕〔疲労回復〕〔冷えケア〕〔美肌〕〔腸活〕

主菜 〔疲労回復〕〔貧血ケア〕〔冷えケア〕

1人分
179 kcal
塩分 0.6g
たんぱく質 12.7g
脂質 13.2g

シンプルで激うま!
塩豚の卵炒め

1

塩豚
→P50

卵

材料(2人分)

塩豚(P50)…½量
卵…1個
塩、粗びき黒こしょう
　…各適量
サラダ油…小さじ½

★残った卵炒めは、夕飯などに
利用を。

作り方

1 塩豚は小さめのひと口大に切り、卵は溶きほぐす。

2 フライパンにサラダ油を中火で熱し、卵を流し入れて木ベラで混ぜ、半熟状になったら塩豚を加えて炒め合わせる。

3 塩で味をととのえて黒こしょうをふり、半量を詰める。

副菜 〔美肌〕〔貧血ケア〕

6

1人分
84 kcal
塩分 0.8g
たんぱく質 3.0g
脂質 4.6g

ほうれん草とコーン
のソテー →P51

コーンで食物繊維をとろう!
ほうれん草と
コーンのソテー

⅓量を電子レンジで加熱して
詰める。

主食 〔腸活〕

2

1人分
325 kcal
塩分 1.7g
たんぱく質 6.9g
脂質 5.0g

ひじきの煮もの
→P50

ごはん

ごはんにひじきを混ぜて食べごたえを高めた
ひじきの煮もの入り
おにぎり

材料(1人分)

ひじきの煮もの(P50)…½量　ごはん…120g

作り方

ひじきの煮ものを電子レンジで加熱してごはんと混ぜ、
2等分して俵形ににぎる。

体にいいお弁当 MEMO
豚肉と卵。たんぱく質が豊富な2つの食材を炒めた主菜に、鉄が豊富なほうれん草を使った副菜と、主食を組み合わせました。免疫を高めつつ貧血ケアもしてくれる、パワフルなランチタイムに。

副菜
ほうれん草と
コーンのソテー

主菜
塩豚の卵炒め

1人分
588kcal
塩分 **3.1**g
たんぱく質 **22.6**g
脂質 **22.8**g

主食
ひじきの煮もの入り
おにぎり

お疲れMAXな金曜日は、のっけ弁当で手早く準備。
疲労回復のお助け食材の豚肉で、1週間のがんばりをねぎらいます

塩豚のっけ弁当

疲労回復 ┃ 冷えケア ┃ 美肌 ┃ 腸活

主菜 疲労回復 ┃ 冷えケア

塩豚 ➡ P50

ほどよい塩けでごはんが進む

塩豚

½量を食べやすい大きさに切り、電子レンジ
で加熱して詰め、粗びき黒こしょう適量をふる。

1人分
263kcal
塩分 0.7g
たんぱく質 19.3g
脂質 19.2g

副菜 美肌 ┃ 腸活 ┃ ダイエット

 ＋

ひじきの煮もの
➡ P50

水菜

粒マスタードがピリッときいた

ひじきと
水菜のサラダ

1人分
144kcal
塩分 2.0g
たんぱく質 4.8g
脂質 5.8g

材料（1人分）
ひじきの煮もの（P50）
　…½量
水菜…½株（15g）
粒マスタード…大さじ½

作り方
ひじきの煮ものは電子レンジで加熱
して粗熱をとり、3㎝長さに切った
水菜、粒マスタードと混ぜる。

主食

ごはん
（茶碗1杯150g）

1人分
252kcal
塩分 0.0g
たんぱく質 3.8g
脂質 0.5g

時間に余裕がある朝
は、土鍋でごはんを炊
いてみて。時間がたっ
てもおいしく感じられ、
おすすめです。

体にいいお弁当 MEMO
疲労回復を促進する働きがある豚肉を使った、お疲れ解消弁当。副菜には、ひじきと水菜のサラダを添えて、ビタミンCやカルシウムをチャージします。

主菜 **塩豚**

1人分
659kcal
塩分 **2.7g**
たんぱく質 **27.9g**
脂質 **25.5g**

副菜
ひじきと水菜のサラダ

すき間うめに超便利！

体にいいカラフル野菜

#02

作りおきを2品詰めた後、すき間が気になる！ 彩りがほしい！ ときは、カラフルな添え野菜の出番です。
ゆでる、焼く、レンチンするだけで野菜を手軽に補え、お弁当がさらにヘルシーに！

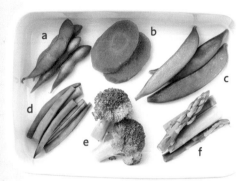

切って塩ゆでするだけ！
ゆで野菜

保存期間 冷蔵 3〜4日　詰めるときは そのままお弁当箱に

★野菜は、それぞれ好みの量をお使いください。

a 枝豆 ……………… 塩適量をふってもみ、熱湯で3分ほどゆでる。

b にんじん ………… 皮をむき、5mm厚さの斜め薄切りにし、塩適量を加えた熱湯で4分ほどゆでる。

c スナップえんどう …… ヘタと筋を取り、塩適量を加えた熱湯で1分30秒ほどゆでる。

d さやいんげん …… ヘタを取って4〜5cm長さに切り、塩適量を加えた熱湯で1分30秒ほどゆでる。

e ブロッコリー …… 小房に分け、塩適量を加えた熱湯で2分ほどゆでる。

f グリーンアスパラガス …… 下半分の皮をピーラーでむき、長さを3〜4等分に切り、塩適量を加えた熱湯で1分30秒ほどゆでる。

フライパンで焼くだけ！
焼き野菜

★野菜は、それぞれ好みの量をお使いください。

〔切り方〕

a ヤングコーン ……… そのまま

b プチトマト ……… ヘタを取る

c かぼちゃ ………… ワタと種を取り、5mm厚さ、4cm幅のくし形切りにする。

d ズッキーニ ……… ヘタを取り、1cm厚さの輪切りにする。

e パプリカ ………… ヘタと種を取って、縦に2cm幅に切る。

〔焼き方〕 フライパンにサラダ油少々を中火で熱し、野菜を入れ、火が通るまで焼く。好みで塩少々をふる。

電子レンジでチン！
レンチン野菜

※レシピは作りやすい分量です。

a コーン缶 ……… 耐熱容器に缶汁をきったコーン大さじ3を入れ、バター、しょうゆ各少々を入れる。ラップをふんわりとかけ、電子レンジで20〜30秒加熱する。

b れんこん ……… 耐熱容器にペーパータオルを敷き、皮をむいたれんこんの薄切り4〜5枚を並べる。ラップはかけずに電子レンジで1分30秒ほど加熱し、裏返してさらに1分ほど加熱する。

c さつまいも …… 耐熱容器にペーパータオルを敷き、さつまいもの薄切り4〜5枚を並べる。ラップはかけずに電子レンジで1分30秒ほど加熱し、裏返してさらに1分ほど加熱する。

ヘルシーで食べごたえ満点！

主菜の
作りおきおかず

肉や魚でしっかりたんぱく質をとり、筋肉を
キープし、代謝や免疫を上げて健康に。素材
別に簡単で、ほぼ冷凍OKの主菜をご紹介。
お弁当に不可欠の卵レシピもチェック！

鶏肉 が主菜の

{ 鶏肉のチリソース弁当 }

美肌　腸活　疲労回復

体にいいお弁当 MEMO
余分な脂肪を取り除いた鶏もも肉と、ビタミン類を豊富に含むピーマンを合わせ、ヘルシーで肌にもよい主菜に。副菜には、食物繊維が豊富なわかめ入りのあえものを入れ、低カロリーかつ腸にもよい組み合わせにしました。

主菜
ピーマンを加えてボリュームアップ！
鶏肉のチリソース ➡ P66

★好みでレタスを添える。

1人分
591 kcal
塩分 **2.8** g
たんぱく質 **25.9** g
脂質 **19.2** g

ごはん（茶碗1杯150g）
252kcal／塩分 0.0g／
たんぱく質 3.8g／脂質 0.5g
★好みで梅干しをのせる。

副菜
ツナはノンオイルタイプをチョイスしてカロリーオフ！
わかめとツナの中華あえ ➡ P119

体にいい2品弁当

{ のり塩チキン弁当 }

体にいいお弁当 MEMO
疲労回復に欠かせないたんぱく質が豊富な鶏む
ね肉の主菜で、午後をのりきる元気をチャージ。
副菜のにんじんに含まれるβ-カロテンは脂溶
性のため、油で炒めて吸収率をアップさせるの
がポイントです。

美肌　疲労回復　ダイエット

主菜
淡泊な鶏むね肉に片栗粉をまぶし、
ふっくらやわらかに！
のり塩チキン → P67

★好みでレタスと
プチトマトを添える。

1人分
570kcal
塩分 **2.2g**
たんぱく質 **24.2g**
脂質 **13.7g**

もち麦入りごはん (茶碗1杯150g)
224kcal / 塩分 0.0g / たんぱく質 3.4g / 脂質 0.8g
★好みで赤しそのふりかけをふる。
★もち麦入りごはんの炊き方…一般に、米1合に対してもち
麦50gを加え、水300㎖で炊飯すると1.5合分のもち麦入り
ごはんが炊き上がる。商品によって水の量が多少異なるた
め、パッケージの炊き方などを参考に炊飯を。

副菜
セロリの葉もむだなく使った
肌力アップメニュー
**にんじんと
セロリのきんぴら** → P116

鶏肉の
おかず

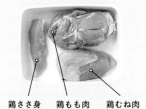

鶏ささ身　　鶏もも肉　　鶏むね肉

〔食材MEMO〕
たんぱく質をはじめ、糖質や脂質の代謝に関わるナイアシン、健やかな肌を作るビタミンAなどを豊富に含みます。むね肉とささ身は脂肪が少ないですが、むね肉の皮には脂肪が多いので、気になる場合は皮のないものを選ぶか、皮を除くとよいでしょう。

`美肌` `疲労回復`

肉厚で加熱に強いピーマンのビタミンCで肌を健やかに
鶏肉のチリソース

材料（2〜3人分）

鶏もも肉 … 1枚（300g）

ピーマン … 2個（80g）

片栗粉 … 大さじ1

A｜トマトケチャップ
　　…大さじ3
　｜酒、砂糖 … 各大さじ1
　｜豆板醤 … 小さじ1

サラダ油 … 小さじ2

 保存期間

冷凍 2週間／冷蔵 3〜4日

 詰めるときは

電子レンジで加熱

作り方

1 鶏肉は皮と身の間の脂肪を取り除き、大きめのそぎ切りにして片栗粉をまぶす。ピーマンはヘタと種を取ってひと口大の乱切りにする。Aは混ぜ合わせる。

2 フライパンにサラダ油を弱めの中火で熱し、鶏肉を並べて3分ほど焼く。裏返してピーマンを加え、ふたをして3分ほど蒸し焼きにする。ふたを取り、Aを加えて炒め合わせる。

3 シリコンカップに等分に入れて保存容器に並べ、冷めたらふたをして冷凍する。

1人分
282kcal
塩分 **1.0**g
たんぱく質 **17.2**g
脂質 **17.0**g

`美肌` `疲労回復` `ダイエット`

しっかり下味をつけているからむね肉でもパサつかない！
ころころチキン

材料（2〜3人分）

鶏むね肉（皮なし）
　… 1枚（300g）

A｜酒 … 大さじ1
　｜マヨネーズ … 小さじ2
　｜しょうゆ、顆粒
　　鶏ガラスープの素
　　…各小さじ1
　｜こしょう … 少々

片栗粉 … 大さじ1

サラダ油 … 大さじ1

作り方

1 鶏肉は小さめのひと口大に切り、Aをもみ込んで20分ほどおき、片栗粉をまぶす。

2 フライパンにサラダ油を中火で熱し、**1**を入れ、転がしながら鶏肉に火が通るまで6〜7分焼く。

3 シリコンカップに等分に入れて保存容器に並べ、冷めたらふたをして冷凍する。

1人分
199kcal
塩分 **0.9**g
たんぱく質 **24.7**g
脂質 **7.9**g

保存期間

冷凍 2週間／冷蔵 3〜4日

 詰めるときは

電子レンジで加熱

1人分
288 kcal
塩分 **1.3**g
たんぱく質 **19.9**g
脂質 **10.0**g

美肌　疲労回復

小さめのひと口サイズだからお弁当にピッタリ！

のり塩チキン

材料（2～3人分）

鶏むね肉 … 1枚（300g）
A | 砂糖 … 小さじ1
　 | 塩 … 小さじ⅓
片栗粉 … 適量
バター … 10g
青のり … 小さじ2
塩 … 少々

 保存期間
冷凍 2週間／冷蔵 3～4日

詰めるときは
電子レンジで加熱

作り方

1. 鶏肉は皮をはぎ、小さめのひと口大に切る。Aをもみ込んで10分ほどおき、片栗粉を薄くまぶす。

2. フライパンにバターを中火で溶かし、**1**を入れ、転がしながら火が通るまで6～7分焼く。青のりと塩をふり、さっと炒め合わせる。

3. 保存容器に入れ、冷めたらふたをして冷凍する。

【 高カロリーな皮は取り除こう！ 】

ヘルシー
POINT!

鶏肉の皮は脂肪が多くてカロリーも高めなので、はいでから使いましょう。食感もよくなり、おいしく仕上がります。皮なしの鶏肉を買っても◎。

1人分
280 kcal
塩分 **0.9**g
たんぱく質 **19.4**g
脂質 **19.4**g

疲労回復　美肌　アンチエイジング

パプリカの抗酸化ビタミンでサビない体に

鶏肉のマヨポンソテー

材料（2～3人分）

鶏もも肉 … 1枚（300g）
パプリカ（赤）… 1個（200g）
片栗粉 … 小さじ2
A | ポン酢しょうゆ … 大さじ2
　 | マヨネーズ … 小さじ2
マヨネーズ … 大さじ1

保存期間
冷凍 2週間
冷蔵 3～4日

詰めるときは
電子レンジで加熱

作り方

1. 鶏肉は皮と身の間の脂肪を取り除き、ひと口大に切って片栗粉をまぶす。パプリカはヘタと種を取り、小さめの乱切りにする。Aは混ぜ合わせる。

2. フライパンにマヨネーズを入れて中火で溶かし、鶏肉とパプリカを入れて5～6分炒める。火が通ったら、Aを加えて炒め合わせる。

3. シリコンカップに等分に入れて保存容器に並べ、冷めたらふたをして冷凍する。

【 マヨネーズで焼き油いらず 】

ヘルシー
POINT!

油にくらべてカロリーが低めなマヨネーズで焼いて、カロリーカット。マヨネーズのコクでおいしさもアップし、一石二鳥です。

1人分
296 kcal
塩分 **1.5**g
たんぱく質 **20.7**g
脂質 **18.8**g

1人分
147 kcal
塩分 **1.8**g
たんぱく質 **25.5**g
脂質 **2.5**g

美肌 | 疲労回復 | アンチエイジング

冷えケア | ダイエット | 美肌 | 疲労回復

ブロッコリーの豊富なビタミン類で肌荒れ予防

鶏肉のマスタードソテー

材料（2～3人分）

鶏もも肉…1枚（300g）

ブロッコリー…1株（200g）

片栗粉…小さじ2

A | 粒マスタード…大さじ2
　 | 砂糖、しょうゆ…各大さじ1

サラダ油…小さじ2

作り方

1　ブロッコリーは小房に分け、耐熱容器に入れてラップをふんわりとかけ、電子レンジで3分ほど加熱する。鶏肉は皮と身の間の脂肪を取り除き、ひと口大に切り、片栗粉をまぶす。Aは混ぜ合わせる。

2　フライパンにサラダ油を中火で熱し、鶏肉を入れ、火が通るまで両面を6～7分焼く。ブロッコリー、Aを加えて炒め合わせる。

3　シリコンカップに等分に入れて保存容器に並べ、冷めたらふたをして冷凍する。

🗄 **保存期間**
冷凍 2週間／冷蔵 3～4日

🌱 **詰めるときは**
電子レンジで加熱

ねぎが血行を促進し、冷えの改善をサポート

ささ身のゆずこしょう焼き

材料（2～3人分）

鶏ささ身…6本（300g）

ねぎ…1本（60g）

A | ゆずこしょう…大さじ1
　 | 酒、しょうゆ…各大さじ½

サラダ油…小さじ1

作り方

1　ねぎは5cm長さに切る。ささ身は筋を取ってひと口大に切り、Aをもみ込んで30分ほどおく。

2　フライパンにサラダ油を中火で熱し、1を入れる。ささ身は裏返しながら、ねぎは転がしながら、全体に火が通るまで5～6分焼く。

3　シリコンカップに等分に入れて保存容器に並べ、冷めたらふたをして冷凍する。

🗄 **保存期間**
冷凍 2週間／冷蔵 3～4日

🌱 **詰めるときは**
電子レンジで加熱

1人分
195 kcal
塩分 **0.8**g
たんぱく質 **24.4**g
脂質 **7.9**g

美肌 疲労回復

1人分
260 kcal
塩分 **1.4**g
たんぱく質 **17.0**g
脂質 **16.9**g

美肌 疲労回復

カロリー高めな揚げものはむね肉で作れば安心

塩から揚げ

材料（2〜3人分）

鶏むね肉（皮なし）…1枚（300g）

A｜酒…大さじ1
｜しょうがのすりおろし、砂糖、塩
｜ …各小さじ½
｜こしょう…少々

片栗粉、揚げ油…各適量

作り方

1 鶏肉はひと口大に切ってAをもみ込み、10分ほどおき、片栗粉をしっかりまぶす。

2 揚げ油を170度に熱して**1**を入れ、ときどき裏返しながらこんがりと色づくまで4〜5分揚げて油をきる。

3 保存容器に入れ、冷めたらふたをして冷凍する。

 保存期間
冷凍 2週間／冷蔵 3〜4日

 詰めるときは
電子レンジで加熱

殺菌作用が高い梅干しで保存性をアップ

鶏肉の梅肉炒め

材料（2〜3人分）

鶏もも肉…1枚（300g）

梅干し…大2個

A｜みりん…大さじ1
｜しょうゆ…小さじ2

片栗粉、サラダ油…各小さじ2

作り方

1 梅干しは種を取って包丁でたたき、Aと混ぜる。

2 鶏肉は皮と身の間の脂肪を取り除き、大きめのひと口大に切り、片栗粉をまぶす。

3 フライパンにサラダ油を中火で熱し、鶏肉を入れて5〜6分炒める。火が通ったら**1**を加え、さっと炒めながらからめる。

4 シリコンカップに等分に入れて保存容器に並べ、冷めたらふたをして冷凍する。

 **保存期間**
冷凍 2週間／冷蔵 3〜4日

詰めるときは
電子レンジで加熱

【 梅干しの酸味で疲労を撃退！ 】　ヘルシー POINT!

梅干しの酸味成分のクエン酸が、疲労回復をサポート。食欲増進作用も期待できるので、疲れて食欲がないときにもピッタリです。

1人分
185 kcal
塩分 1.0g
たんぱく質 25.5g
脂質 6.1g

腸活　ダイエット　美肌　疲労回復

1人分
146 kcal
塩分 1.4g
たんぱく質 17.6g
脂質 2.1g

腸活　ダイエット　美肌　疲労回復

まいたけの食物繊維でコレステロール対策

鶏肉のジンジャーソテー

材料（2～3人分）

鶏むね肉（皮なし）… 1枚（300g）

まいたけ… 1パック（100g）

A｜しょうゆ、片栗粉…各大さじ1
　｜砂糖…小さじ2
　｜しょうがのすりおろし…小さじ1

サラダ油…小さじ2

作り方

1 まいたけは小房に分ける。鶏肉は食べやすい大きさのそぎ切りにし、Aをもみ込む。

2 フライパンにサラダ油を中火で熱して鶏肉を並べ、3分ほど焼く。裏返してまいたけを入れ、ふたをして3分ほど蒸し焼きにする。ふたを取り、火を強めてさっと炒めて水分をとばす。

3 シリコンカップに等分に入れて保存容器に並べ、冷めたらふたをして冷凍する。

📦 保存期間
冷凍 2週間／冷蔵 3～4日

🍱 詰めるときは
電子レンジで加熱

【 まいたけでおいしくかさ増し 】　ヘルシーPOINT!

食物繊維が豊富で低カロリーなまいたけを一緒に炒めてボリュームアップ。まいたけのうまみでおいしくなるうえ、食べごたえも増します。

ごぼうがたっぷり入って腸イキイキ！

ささ身とごぼうの甘酢炒め

材料（2～3人分）

鶏ささ身… 4本（200g）

ごぼう… ½本（80g）

A｜砂糖、しょうゆ、酢…各大さじ1と½

片栗粉…大さじ1と½

万能ねぎの小口切り…適量

サラダ油…大さじ1

作り方

1 ごぼうは皮をこそげて乱切りにし、水に2分ほどさらして水けをきる。ささ身は筋を取り、小さめのひと口大に切る。Aは混ぜ合わせる。

2 ボウルにささ身、ごぼうを入れて片栗粉をまぶす。

3 フライパンにサラダ油を中火で熱し、2を入れて転がしながら6～7分炒める。鶏肉とごぼうに火が通ったら、Aを加えてからめる。

4 シリコンカップに等分に入れ、万能ねぎをふる。保存容器に並べ、冷めたらふたをして冷凍する。

📦 保存期間
冷凍 2週間／冷蔵 3～4日

🍱 詰めるときは
電子レンジで加熱

1人分
165 kcal
塩分 **1.0g**
たんぱく質 **25.6g**
脂質 **3.7g**

(アンチエイジング) (ダイエット) (美肌) (疲労回復)

1人分
154 kcal
塩分 **0.8g**
たんぱく質 **21.3g**
脂質 **5.9g**

(ダイエット) (美肌) (疲労回復)

ごまの抗酸化作用で、めざせ−5歳肌

鶏肉のごまあえ

材料（2〜3人分）

鶏むね肉（皮なし）…1枚（300g）

酒…大さじ1と½

A | 白すりごま…大さじ1と½
　 | しょうゆ、砂糖…各大さじ1

作り方

1　鶏肉はフォークで両面を30回以上ずつ刺す。耐熱皿にのせて酒をふり、ラップをふんわりとかけ、電子レンジで3分ほど加熱する。

2　1を取り出して裏返し、ラップをかけて3分ほど加熱してそのまま粗熱をとる。鶏肉の繊維に沿って粗く裂く。

3　Aを混ぜ、2を加えてあえる。シリコンカップに等分に入れて保存容器に並べ、冷めたらふたをして冷凍する。

(icon) **保存期間**　　　　　(icon) **詰めるときは**
冷凍 2週間／冷蔵 3〜4日　　電子レンジで加熱

【 油不使用で、冷めてもおいしい！ 】　ヘルシー POINT!

鶏肉をフォークでまんべんなく刺してから加熱すると、しっとりやわらかに。油不使用でもパサつかず、冷めてもおいしくいただけます。

ノンオイルで、あっさりヘルシー！

蒸し鶏

材料（2〜3人分）

鶏むね肉…1枚（300g）

A | 酒…大さじ1
　 | 砂糖…小さじ1
　 | 塩…小さじ⅓

作り方

1　鶏肉はフォークで両面を30回以上ずつ刺す。耐熱皿にのせてAをまぶし、ラップをふんわりとかけ、電子レンジで3分ほど加熱する。

2　1を取り出して裏返し、ラップをかけて3分ほど加熱する。粗熱がとれたら食べやすい大きさに切る。

3　保存容器に入れ、冷めたらふたをして冷凍する。

(icon) **保存期間**　　　　　(icon) **詰めるときは**
冷凍 2週間／冷蔵 3〜4日　　電子レンジで加熱

【 下味に砂糖を加えてしっとりと 】　クッキング POINT!

電子レンジで加熱するとパサつきがちなむね肉は、下味に砂糖を加えることでしっとりしておいしくなります。さらに、加熱途中で裏返すと均等に火が通ります。

ひき肉が主菜の

{ はんぺんバーグ弁当 }

貧血ケア　美肌　疲労回復

> **体にいいお弁当 MEMO**
> 鶏ひき肉とはんぺん、たんぱく質をダブルで使った主菜に、抗酸化作用が高いβ-カロテンの宝庫の小松菜とにんじんの副菜をプラス。主食は雑穀入りごはんを詰め、食物繊維やミネラルを補います。

雑穀入りごはん
（茶碗1杯150g）➡ P18
245kcal / 塩分 0.0g /
たんぱく質 4.9g / 脂質 1.2g

1人分
453 kcal
塩分 **1.9g**
たんぱく質 **17.9g**
脂質 **9.9g**

★好みで水菜を添える。

副菜
2つの緑黄色野菜の
β-カロテンで肌荒れ予防
小松菜ののりあえ ➡ P115

主菜
たんぱく質をしっかりとって、
午後のやる気をチャージ
はんぺんバーグ ➡ P78

体にいい2品弁当

{ ガパオ風そぼろ弁当 }

体にいいお弁当 **MEMO**

タイ料理で人気のガパオを、鶏ひき肉で手軽にアレンジ。鶏肉には、たんぱく質の代謝に必要なビタミンB_6が含まれているため、食べたものをエネルギーにするのに効果的。副菜には、ビタミン類をバランスよく含むブロッコリーのあえものを添えてバランスよく。

もち麦入りごはん (茶碗1杯150g) ➡ P65
224kcal / 塩分 0.0g /
たんぱく質 3.4g / 脂質 0.8g

ダイエット　美肌　疲労回復

1人分
452 kcal
塩分 **1.7** g
たんぱく質 **23.3** g
脂質 **12.1** g

主菜
鶏肉のビタミンB_6で燃えやすい体に！
ガパオ風そぼろ ➡ P74

副菜
詰めるだけでお弁当の彩りアップ
**ブロッコリーの
塩昆布あえ** ➡ P115

ひき肉の おかず

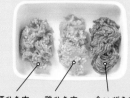

豚ひき肉　鶏ひき肉　合いびき肉

〔 食材MEMO 〕

豚ひき肉には糖質の代謝を促進するビタミンB₁が、鶏ひき肉にはたんぱく質の代謝に関わるビタミンB₆が含まれるように、肉の種類によって体にいいパワーはさまざま。どれもアレンジしやすいですが、細かくひいてある分、傷みやすいのでなるべく新鮮なうちに使いましょう。

ダイエット　美肌　疲労回復

1人分
175 kcal
塩分 **1.2**g
たんぱく質 **13.0**g
脂質 **9.5**g

疲労回復　冷えケア　貧血ケア

1人分
246 kcal
塩分 **1.3**g
たんぱく質 **15.7**g
脂質 **15.7**g

鶏ひき肉は「むね」を選ぶとヘルシー

ガパオ風そぼろ

材料（2〜3人分）

鶏ひき肉 … 200g
パプリカ（赤）… ½個（100g）
玉ねぎ … ¼個（50g）
A｜酒、オイスターソース
　　… 各大さじ1
　｜砂糖、しょうゆ
　　… 各大さじ ½
B｜にんにくのみじん切り、
　｜しょうがのみじん切り
　　… 各1かけ分
サラダ油 … 小さじ1

作り方

1　パプリカはヘタと種を取り、粗みじん切りにする。玉ねぎはみじん切りにする。Aは混ぜ合わせる。

2　フライパンにサラダ油、Bを入れて弱火で炒め、香りが立ったらパプリカ、玉ねぎ、ひき肉を入れて中火で炒める。

3　ひき肉に火が通ったらAを加え、炒め合わせる。シリコンカップに等分に入れて保存容器に並べ、冷めたらふたをして冷凍する。

🧊 保存期間
冷凍 2週間／冷蔵 3〜4日

📦 詰めるときは
電子レンジで加熱

これぞテッパン！食べ飽きない味しみつくね

豚つくね

材料（2〜3人分）

豚ひき肉 … 250g
A｜ねぎのみじん切り
　　… ½本分
　｜片栗粉 … 小さじ2
　｜酒、しょうゆ、
　｜しょうがのすりおろし
　　… 各小さじ1
B｜酒、しょうゆ、みりん
　　… 各小さじ2
　｜オイスターソース
　　… 大さじ ½
酒 … 小さじ1
サラダ油 … 小さじ1

作り方

1　ボウルにひき肉、Aを入れてよく練り混ぜ、6等分して小判形に丸める。Bは混ぜ合わせる。

2　フライパンにサラダ油を薄くひき、成形したひき肉を並べ入れて中火にかける。焼き色がついたら裏返し、酒をふってふたをし、弱火で3分ほど蒸し焼きにする。ふたをとって水分をとばし、Bを加えて煮からめる。

3　シリコンカップに等分に入れて保存容器に並べ、冷めたらふたをして冷凍する。

🧊 保存期間
冷凍 2週間／冷蔵 3〜4日

📦 詰めるときは
電子レンジで加熱

1人分
283 kcal
塩分 1.1g
たんぱく質 14.3g
脂質 12.0g

腸活 ｜ 冷えケア ｜ 貧血ケア ｜ 疲労回復

1人分
262 kcal
塩分 1.4g
たんぱく質 15.9g
脂質 15.8g

美肌 ｜ 冷えケア ｜ 貧血ケア ｜ 疲労回復

にんにくの代わりに青じそを入れた「におわない」餃子

餃子

材料（2～3人分）

豚ひき肉 … 150g
キャベツ … ¼ 個（250g）
青じそ … 20枚
餃子の皮 … 15枚

A｜酒、しょうゆ
　　… 各小さじ2
　砂糖、ごま油、
　　しょうがのすりおろし、
　　顆粒鶏ガラスープの素
　　… 各小さじ1

サラダ油、ごま油 … 各小さじ1

作り方

1 キャベツ、青じそはみじん切りにする。

2 ボウルにひき肉、Aを入れ、粘りが出るまで練り混ぜる。1を加えて混ぜ、15等分して餃子の皮で包む。

3 フライパンにサラダ油を中火で熱し、2を並べて焼き色がつくまで焼く。水50mℓを加えてふたをし、3分ほど蒸し焼きにする。

4 ふたを取って水けをとばし、フライパンの縁からごま油を回し入れてこんがり焼く。保存容器に入れ、冷めたらふたをして冷凍する。

🧊 保存期間　　　　　🎁 詰めるときは
冷凍 2週間／冷蔵 3～4日　電子レンジで加熱

【 たっぷり野菜で食物繊維を補給 】　ヘルシー POINT!

餃子は、野菜をたっぷり入れて食物繊維を補給。肉だねにしっかり下味をつけておくことで、ものたりなさは感じません。

油で焼いてβ-カロテンを効率よく摂取

ピーマンの肉詰め

材料（2～3人分）

合いびき肉 … 250g
ピーマン … 3個（120g）
サラダ油 … 小さじ1

A｜片栗粉 … 小さじ2
　酒、しょうゆ、しょうがの
　　すりおろし … 各小さじ1

B｜酒、しょうゆ、オイスター
　　ソース … 各大さじ1
　砂糖 … 小さじ2

🧊 保存期間
冷凍 2週間
冷蔵 3～4日

🎁 詰めるときは
電子レンジで加熱

作り方

1 ピーマンは縦半分に切ってヘタと種を取る。

2 ボウルにひき肉、Aを入れてよく練り混ぜ、1に等分に詰める。

3 フライパンにサラダ油をひいて、2の肉だねの面を下にして並べる。ふたをして弱めの中火で8分ほど蒸し焼きにする。Bを混ぜ合わせる。

4 ふたを取り、Bを加えて煮からめる。保存容器に入れ、冷めたらふたをして冷凍する。

【 肉だねから焼きつけて糖質オフ 】　ヘルシー POINT!

肉だねの面からしっかり焼けば、ピーマンの内側に小麦粉をまぶさなくても肉だねがはがれる心配ナシ！ 手間を省いて、ちょっぴり糖質オフにも。

1人分
236 kcal
塩分 **1.9g**
たんぱく質 **12.1g**
脂質 **6.3g**

アンチ
エイ
ジング | 冷え
ケア | 美肌 | 疲労
回復

1人分
154 kcal
塩分 **0.6g**
たんぱく質 **11.8g**
脂質 **10.8g**

アンチ
エイ
ジング | 冷え
ケア | 美肌 | 疲労
回復

ビタミンEたっぷりなかぼちゃで冷え改善

かぼちゃのそぼろ煮

材料（2～3人分）

鶏ひき肉 … 150g
かぼちゃ … ¼個（400g）

A | だし汁 … 250mℓ
　 | しょうゆ … 大さじ2
　 | 砂糖、みりん … 各大さじ1

B | 片栗粉、水 … 各小さじ2

作り方

1 かぼちゃはワタと種を取り、ひと口大に切る。

2 フライパンにA、かぼちゃを入れて中火にかけ、煮立ったら弱火にする。あいているところにひき肉をほぐし入れ、落としぶたをして弱火で10分ほど煮る。

3 Bを溶き混ぜて回し入れ、2～3分煮てとろみをつける。

4 シリコンカップに等分に入れて保存容器に並べ、冷めたらふたをして冷凍する。

 保存期間
冷凍 2週間／冷蔵 3～4日

詰めるときは
電子レンジで加熱

油揚げのイソフラボンで女子力向上！

油揚げのひき肉包み焼き

材料（2～3人分）

鶏ひき肉 … 100g
油揚げ … 2枚（80g）
プロセスチーズ
　 … 小2個（1個20g）

A | 万能ねぎの小口切り … 30g
　 | 酒、みそ … 各小さじ1

保存期間
冷凍 2週間
冷蔵 3～4日

詰めるときは
電子レンジで加熱

作り方

1 油揚げはペーパータオルではさんで余分な油をとり、横半分に切って口を開く。プロセスチーズは1cm角に切る。

2 ボウルにひき肉、チーズ、Aを入れて混ぜ合わせる。油揚げに等分に詰め、平らにする。

3 フライパンを中火で熱して2を並べ、片面焼けたら裏返す。水大さじ1をふり入れ、ふたをして3分ほど蒸し焼きにする。

4 保存容器に入れ、冷めたらふたをして冷凍する。

【 油なしで焼いてカロリーカット 】

ヘルシー
POINT!

油揚げは表面に油分があるため、油をひかずに焼いてカロリーカット。カリッとした口あたりに焼き上がり、おいしさも◎。

1人分
223 kcal
塩分 **2.0g**
たんぱく質 **10.8g**
脂質 **13.4g**

冷え ケア ｜ 美肌 ｜ 貧血 ケア ｜ 疲労 回復

野菜がたっぷりとれるヘルシーカレー

ドライカレー

材料（2～3人分）

合いびき肉 … 150g
にんじん … ⅓本（70g）
ピーマン … 1個（40g）
玉ねぎ … ¼個（50g）
トマト水煮缶（カットタイプ）… ½缶（200g）
A ｜ トマトケチャップ、中濃ソース … 各小さじ1
　 ｜ 塩、こしょう … 各少々
カレールウ … 2かけ

作り方

1　にんじんは皮をむき、ピーマンはヘタと種を取り、玉
　　ねぎとともにみじん切りにする。

2　耐熱ボウルにひき肉、**1**、トマト水煮、Aを入れて混
　　ぜ合わせる。カレールウを刻んでのせ、ラップをふん
　　わりとかけ、電子レンジで3分ほど加熱する。

3　**2**を取り出して混ぜ、ラップをかけてさらに4分ほど
　　加熱して混ぜる。シリコンカップに等分に入れて保存
　　容器に並べ、冷めたらふたをして冷凍する。

 保存期間　　　　　 詰めるときは
冷凍 2週間／冷蔵 3～4日　　電子レンジで加熱

1人分
213 kcal
塩分 **1.6g**
たんぱく質 **10.5g**
脂質 **10.3g**

疲労 回復 ｜ 冷え ケア ｜ 貧血 ケア

春雨にひき肉や野菜のうまみがしみて美味

ひき肉と春雨炒め

材料（2～3人分）

豚ひき肉 … 150g
春雨 … 35g
小松菜 … ½束（80g）
玉ねぎ … ¼個（50g）
にんじん … ¼本（50g）

A ｜ しょうゆ、みりん
　 ｜ 　…各大さじ1
　 ｜ みそ、顆粒鶏ガラスープ
　 ｜ 　の素…各小さじ1
サラダ油 … 小さじ1

作り方

1　春雨は熱湯にひたしてやわらかくし、水けをきり、長
　　い場合は食べやすい長さに切る。

2　小松菜は3～4cm長さに切り、玉ねぎは薄切りにする。
　　にんじんは皮をむいて3～4cm長さの細切りにする。
　　Aは混ぜ合わせる。

3　フライパンにサラダ油を中火で熱し、ひき肉、**2**の
　　野菜を入れて炒める。火が通ったら、A、春雨を加え
　　て汁けがなくなるまで炒め合わせる。

4　シリコンカップに等分に入れて保存容器に並べ、冷め
　　たらふたをして冷凍する。

 保存期間　　　　　 詰めるときは
冷凍 2週間／冷蔵 3～4日　　電子レンジで加熱

【3種類の野菜でおいしくかさ増し】　ヘルシー POINT!

小松菜、玉ねぎ、にんじんを加えておいしくボリュームアッ
プ。カロリーカットしたい場合は、春雨の代わりにしらた
きを使うのも手。

1人分
178 kcal
塩分 **1.2**g
たんぱく質 **11.4**g
脂質 **8.4**g

美肌 / 疲労回復

1人分
178 kcal
塩分 **1.1**g
たんぱく質 **11.7**g
脂質 **10.0**g

腸活 / 冷えケア / 貧血ケア / 疲労回復

たんぱく質をしっかりとって筋力強化

はんぺんバーグ

材料（2〜3人分）

鶏ひき肉…200g

はんぺん…1枚（100g）

片栗粉…小さじ2

A｜酒、みそ、みりん…各大さじ1
　｜砂糖…小さじ2

サラダ油…小さじ2

作り方

1 ボウルにひき肉、はんぺん、片栗粉を入れ、はんぺんをつぶしながら混ぜ、9等分して小判形に丸める。

2 Aは混ぜ合わせる。

3 フライパンにサラダ油を中火で熱し、**1**を並べ、両面3〜4分ずつ焼く。火が通ったら、Aを加えて煮からめる。保存容器に入れ、冷めたらふたをして冷凍する。

 保存期間

冷凍 2週間／冷蔵 3〜4日

 詰めるときは

電子レンジで加熱

【 はんぺんでかさ増し 】

ヘルシー
POINT!

 肉の量を控え、はんぺんを加えて食べごたえをアップ。ふっくらとした口あたりになり、冷めてもおいしい効果もアリ。

キャベツで腸活！

ロールキャベツ

材料（2〜3人分）

合いびき肉…160g

キャベツ…大4枚（240g）

玉ねぎ…½個（100g）

A｜牛乳…大さじ2
　｜パン粉（細びきタイプ）…大さじ1
　｜塩、こしょう…各少々

B｜水…200㎖
　｜固形コンソメスープの素…1個

作り方

1 キャベツは芯をそぎ取り、熱湯でやわらかくなるまでゆでる。玉ねぎはみじん切りにする。

2 ボウルにひき肉、玉ねぎ、Aを入れてよく練り混ぜ、4等分にする。

3 キャベツは1枚すつ広げ、**2**をのせて包み、楊枝で留める。

4 フライパンに**3**を並べ、Bを加えて中火にかける。煮立ったら弱火にし、ふたをして10分ほど煮る。汁けをきって保存容器に入れ、冷めたらふたをして冷凍する。

 保存期間

冷凍 2週間／冷蔵 3〜4日

 詰めるときは

電子レンジで加熱

1人分
166 kcal
塩分 **1.2**g
たんぱく質 **10.3**g
脂質 **10.2**g

美肌 | 疲労回復 | 冷えケア | 貧血ケア

1人分
163 kcal
塩分 **1.4**g
たんぱく質 **12.7**g
脂質 **16.2**g

疲労回復 | 冷えケア | 貧血ケア

なすのポリフェノールで活性酸素を抑え、美肌に

なすのそぼろ炒め

材料（2～3人分）

豚ひき肉 … 150g

なす … 3本（180g）

A｜酒、しょうゆ … 各大さじ1
｜砂糖 … 小さじ2
｜みそ、しょうがのすりおろし … 各小さじ1

ごま油 … 小さじ1

作り方

1 なすはヘタを取り、長さを半分に切ってから縦8等分に切る。Aは混ぜ合わせる。

2 フライパンにごま油を中火で熱してひき肉を炒め、半分ほど色が変わったらなすを加える。さっと混ぜてふたをし、弱めの中火で3分ほど蒸し焼きにする。

3 ふたを取り、火を強めて水分をとばすように炒め、Aを加えて汁けをとばしながら炒める。

4 シリコンカップに等分に入れて保存容器に並べ、冷めたらふたをして冷凍する。

🧊 保存期間
冷凍 2週間／冷蔵 3～4日

🌱 詰めるときは
電子レンジで加熱

【ひき肉は赤身を選ぼう！】　ヘルシーPOINT!

ひと口にひき肉といっても、商品によって脂肪の割合はマチマチ。豚ひき肉や合いびき肉なら「赤身」を選び、カロリーオフを心がけて。

甘酸っぱいあんがたまらない！

肉団子

材料（2～3人分）

豚ひき肉 … 200g

玉ねぎのみじん切り … ¼個分（50g）

A｜片栗粉 … 大さじ2
｜酒、しょうがのすりおろし … 各小さじ1

B｜水 … 大さじ3
｜トマトケチャップ … 大さじ2
｜砂糖、酢、しょうゆ … 各大さじ1
｜片栗粉 … 小さじ1

揚げ油 … 適量

作り方

1 ボウルにひき肉、玉ねぎ、Aを入れ、粘りが出るまで練り混ぜ、8等分にしてボール状に丸める。

2 揚げ油を180度に熱し、1を入れる。ときどき転がしながら3～4分、全体がきつね色になるまで揚げ、油をきる。

3 フライパンにBを入れて弱火で熱し、混ぜながらとろみをつけ、2を加えて煮からめる。

4 シリコンカップに等分に入れて保存容器に並べ、冷めたらふたをして冷凍する。

🧊 保存期間
冷凍 2週間／冷蔵 3～4日

🌱 詰めるときは
電子レンジで加熱

豚肉 が主菜の

{ 豚肉の塩レモンソテー弁当 }

体にいいお弁当 **MEMO**

疲労回復効果が期待できる豚肉とレモンを組み合わせた、最強のお疲れ撃退弁当。副菜は、消化を促進する働きがあるかぶと、低カロリーなきゅうりをあえた浅漬けを添えて重すぎない組み合わせに。

ダイエット　むくみケア　疲労回復　冷えケア　貧血ケア

主菜

レモンの酸味で豚肉をさっぱり、さわやかにいただきます

豚肉の塩レモンソテー ➡ P85

★好みで水菜を添える。

1人分

494kcal
塩分 **1.2**g
たんぱく質 **20.5**g
脂質 **17.3**g

副菜

ノンオイルであっさり、ヘルシー

かぶの
赤しそのふりかけ漬け
➡ P117

ごはん(茶碗1杯150g)
252kcal / 塩分 0.0g /
たんぱく質 3.8g / 脂質 0.5g
★好みでほぐしたたらこをのせる。

体にいい2品弁当

{ アスパラガスの豚肉巻き弁当 }

 腸活 美肌 貧血ケア 疲労回復

★好みで青じそを添える。

主菜
ひと口サイズに切って食べやすく
アスパラガスの豚肉巻き ➡ P83

1人分
636kcal
塩分 **1.7** g
たんぱく質 **23.9** g
脂質 **25.9** g

雑穀入りごはん(茶碗1杯150g) ➡ P18
245kcal / 塩分 0.0 g /
たんぱく質 4.9 g / 脂質 1.2 g

副菜
便秘解消の神サラダといえば、これ!
ごぼうサラダ ➡ P120

豚肉のおかず

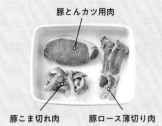

豚とんカツ用肉

豚こま切れ肉　豚ロース薄切り肉

〔食材MEMO〕

疲労回復作用があるビタミンB₁や、不足すると肌トラブルの原因になるビタミンB₂、たんぱく質などを豊富に含有。お弁当には、火の通りが早いこま切れ肉や薄切り肉が使いやすく便利。部位によっては脂肪が多いので、赤身を選ぶか、気になる場合は取り除いて使いましょう。

美肌　疲労回復　冷えケア　貧血ケア

キャベツとにんじんを加えて軽やかに

ホイコーロー

材料（2～3人分）

豚バラ薄切り肉 … 180g
キャベツ … ⅙個（150g）
にんじん … ¼本（50g）
片栗粉 … 小さじ2
A｜みそ、みりん
　　… 各大さじ1
　｜しょうゆ … 小さじ1
　｜しょうがのすりおろし
　　… 小さじ½
ごま油 … 小さじ1

保存期間

冷凍 2週間／冷蔵 3～4日

詰めるときは

電子レンジで加熱

作り方

1 キャベツは3cm四方に切り、にんじんは皮をむいて4cm長さの短冊切りにする。豚肉はひと口大に切って片栗粉をまぶす。Aは混ぜ合わせる。

2 フライパンにごま油を中火で熱し、豚肉を炒める。肉の色が半分ほど変わったらキャベツ、にんじんを加えて混ぜ、ふたをして3分ほど蒸し焼きにする。ふたを取り、Aを加えて炒め合わせる。

3 シリコンカップに等分に入れて保存容器に並べ、冷めたらふたをして冷凍する。

1人分
299kcal
塩分 1.0g
たんぱく質 10.6g
脂質 23.0g

疲労回復　貧血ケア　冷えケア

鉄が豊富な小松菜入りで、貧血知らず

豚肉のオイスターソース炒め

材料（2～3人分）

豚こま切れ肉 … 250g
小松菜 … 1束（150g）
A｜オイスターソース
　　… 大さじ2
　｜しょうゆ、みりん
　　… 各大さじ½
サラダ油 … 小さじ1

作り方

1 小松菜は3～4cm長さに切る。Aは混ぜ合わせる。

2 フライパンにサラダ油を中火で熱し、豚肉を炒める。色が変わってきたら小松菜を加えてさっと炒め、Aを加えて炒め合わせる。

3 シリコンカップに等分に入れて保存容器に並べ、冷めたらふたをして冷凍する。

保存期間

冷凍 2週間／冷蔵 3～4日

詰めるときは

電子レンジで加熱

1人分
246kcal
塩分 1.9g
たんぱく質 16.2g
脂質 16.8g

お弁当箱に詰めるときは、
好みで食べやすく切っても。

1人分
269 kcal
塩分 **1.0**g
たんぱく質 **17.1**g
脂質 **17.4**g

 美肌　 疲労回復　 冷えケア　 貧血ケア

1人分
277 kcal
塩分 **1.8**g
たんぱく質 **9.8**g
脂質 **22.3**g

腸活　疲労回復　冷えケア

スタミナ食材の豚肉×アスパラガスでお疲れ解消

アスパラガスの豚肉巻き

材料（2〜3人分）

豚ロース薄切り肉 … 12枚

グリーンアスパラガス … 3本(50g)

A｜みそ、みりん
　　…各大さじ 1
　｜砂糖、しょうゆ
　　…各小さじ 1

片栗粉 … 大さじ 1

サラダ油 … 小さじ 1

🧊 保存期間
冷凍 2週間／冷蔵 3〜4日

🌱 詰めるときは
電子レンジで加熱

作り方

1. アスパラガスは下半分の皮をピーラーでむき、長さを4等分に切る。Aは混ぜ合わせる。

2. 豚肉を1枚ずつ広げ、アスパラガスを1本ずつのせ、手前から巻いて片栗粉をまぶす。

3. フライパンにサラダ油を中火で熱し、**2**の巻き終わりを下にして入れ、転がしながら焼く。全体に焼き色がついて火が通ったら、Aを加えて軽く煮からめる。

4. 保存容器に入れ、冷めたらふたをして冷凍する。

【 きっちり巻いて肉がはがれるのを防止 】　クッキング POINT!

焼いている途中で豚肉がはがれないように、手前からきっちり巻くのがコツ。巻き終わったら、軽くにぎって豚肉とアスパラを密着させて。

しらたきをから炒りすると水っぽくならない！

豚肉としらたきのきんぴら

材料（2〜3人分）

豚バラ薄切り肉 … 180g

しらたき（アク抜きずみ） … 200g

A｜しょうゆ…大さじ 2
　｜砂糖…大さじ 1と½
　｜赤とうがらしの小口切り
　　…小さじ 1

白いりごま、ごま油…各小さじ ½

🧊 保存期間
冷蔵 3〜4日

🌱 詰めるときは
電子レンジで加熱

作り方

1. 豚肉はひと口大に切る。Aは混ぜ合わせる。

2. しらたきは水洗いして水けをきり、食べやすい長さに切り、ペーパータオルで水けをふく。フライパンに入れて中火で熱し、水分がとぶまで炒めて取り出す。

3. **2**のフライパンにごま油を中火で熱し、豚肉を炒める。火が通ったらしらたきを加えて炒め合わせる。Aを加えて汁けが少なくなるまで炒める。

4. シリコンカップに等分に入れていりごまをふり、保存容器に並べ、冷めたらふたをして冷蔵する。

【 しらたきで腸を掃除 】　ヘルシー POINT!

水分を吸収して腸の運動を活発にする、不溶性食物繊維が豊富なしらたきをプラス。便秘やおなかポッコリが気になる人におすすめです。

1人分
286 kcal
塩分 **1.9**g
たんぱく質 **15.7**g
脂質 **16.7**g

美肌　疲労回復　冷えケア　貧血ケア

疲労回復　冷えケア　貧血ケア

1人分
285 kcal
塩分 **1.2**g
たんぱく質 **17.7**g
脂質 **19.2**g

レンジ加熱でオイルを省き、カロリーカット

豚肉のナポリタン風

材料（2〜3人分）

豚こま切れ肉 … 160g

ピーマン … 2個（80g）

玉ねぎ … ¼個（50g）

A｜トマトケチャップ … 大さじ4
　｜片栗粉 … 大さじ1と½
　｜中濃ソース … 大さじ1
　｜砂糖 … 小さじ1
　｜塩、こしょう … 各少々

作り方

1 ピーマンはヘタと種を取り、細切りにする。玉ねぎは薄切りにする。

2 豚肉にAをもみ込み、耐熱皿に広げ入れる。1をのせてラップをふんわりとかけ、電子レンジで3分ほど加熱する。

3 2を取り出して混ぜ、ラップをかけてさらに3分ほど加熱する。シリコンカップに等分に入れて保存容器に並べ、冷めたらふたをして冷凍する。

🗄 **保存期間**
冷凍 2週間／冷蔵 3〜4日

🌱 **詰めるときは**
電子レンジで加熱

「ガツンと食べたい」という日に、ぜひ！

チャーシュー

材料（4人分）

豚肩ロースかたまり肉 … 500g

A｜しょうゆ … 大さじ4
　｜酒、みりん … 各大さじ3
　｜砂糖 … 大さじ2
　｜にんにく、しょうがのすりおろし … 各小さじ1

🗄 **保存期間**
冷凍 2週間
冷蔵 4〜5日

🌱 **詰めるときは**
電子レンジで加熱

作り方

1 保存用ポリ袋に豚肉、Aを入れてもみ込み、冷蔵室で2日間漬ける。

2 オーブンの天板にクッキングシートを敷き、汁けをきった1をのせる。200度に予熱したオーブンに入れ、途中で一度裏返しながら30分ほど焼く。

3 2に竹串を刺し、赤い肉汁が出てくる場合はさらに5分ずつ長く焼いて様子を見る。途中でこげそうな場合は、豚肉をアルミホイルで覆う。

4 1の汁を弱火でとろみがつくまで煮る。肉とたれを別々の保存容器に入れ、冷めたらふたをして冷蔵する。

★使う日に食べやすい大きさに切り、4のたれをかける。冷凍する場合は、薄切りにしてたれをかけ、1食分ずつ取り出しやすいように冷凍する。

【 かたまり肉はポリ袋で下味つけを 】

クッキング
POINT!

かたまり肉に下味をつけるときは、保存用ポリ袋を使うのが◎。必要最小限の調味料を入れ、空気を抜いて口を閉じれば、しっかり下味がしみ込みます。

1人分
228 kcal
塩分 **1.8**g
たんぱく質 **12.5**g
脂質 **12.9**g

疲労回復 ｜ 冷えケア ｜ 貧血ケア

1人分
225 kcal
塩分 **0.7**g
たんぱく質 **16.1**g
脂質 **16.7**g

疲労回復 ｜ 冷えケア ｜ 貧血ケア

しっかりした味つけで保存性を高める

豚肉のしぐれ煮

材料（2～3人分）

豚こま切れ肉 … 200g

しょうが … 2かけ

A｜水 … 大さじ3
　｜酒、しょうゆ、みりん … 各大さじ2
　｜砂糖 … 大さじ ½

作り方

1 しょうがは皮つきのままません切りにし、豚肉は1㎝幅に切る。

2 フライパンにA、しょうがを入れて中火にかけ、煮立ったら豚肉を加えて汁けが少なくなるまで7～8分煮る。

3 シリコンカップに等分に入れて保存容器に並べ、冷めたらふたをして冷凍する。

保存期間
冷凍 2週間／冷蔵 4～5日

詰めるときは
電子レンジで加熱

黒こしょうをきかせてキリッとした味わいに

豚肉の塩レモンソテー

材料（2～3人分）

豚とんカツ用肉 … 2枚

塩、粗びき黒こしょう、
　レモンのいちょう切り … 各適量

サラダ油 … 小さじ ½

作り方

1 豚肉に塩、黒こしょうをふる。

2 フライパンにサラダ油を中火で熱し、1を入れて焼く。焼き色がついたら裏返し、ふたをして3～4分焼く。

3 食べやすい大きさに切って保存容器に入れ、レモンをのせ、冷めたらふたをして冷凍する。

保存期間
冷凍 2週間／冷蔵 3～4日

詰めるときは
電子レンジで加熱

【 脂肪が気になるなら徹底カット 】 ヘルシー POINT!

とんカツ用肉の脂肪が気になる場合は、包丁でカットして使いましょう。または、最初に脂肪から焼きつけると、適度に脂肪を落とせます。

牛肉 が主菜の

{ チンジャオロースー風弁当 }

美肌 / 冷え ケア / 貧血 ケア / 疲労 回復

体にいいお弁当 MEMO

やわらかなこま切れ肉を使ったチンジャオロースー風
の炒めものに、春雨サラダを添えた中華弁当。牛肉の赤
身に含まれる、L-カルニチンが脂肪の燃焼を助け、ピー
マンとパプリカでビタミン類をしっかりチャージ。体
形や美肌を意識する女性向けの昼食です。

★好みでレモンの
薄切りを添える。

副菜

ごま油の風味が食欲を刺激
春雨サラダ ➡ P112

主菜

良質なたんぱく源の牛肉と
2種類の野菜でパワーアップ
**チンジャオ
ロースー風**
➡ P88

1人分
540kcal
塩分 **3.3**g
たんぱく質 **21.2**g
脂質 **13.2**g

ごはん (茶碗 1 杯 150g)
252kcal / 塩分 0.0g /
たんぱく質 3.8g / 脂質 0.5g
★好みで梅干しをのせる。

体にいい2品弁当

{　焼き肉弁当　}

体にいいお弁当 **MEMO**

「今日はしっかり食べたいなぁ」という日のイチ押し弁当。牛肉を使った焼き肉に、食べごたえのある南蛮漬けをプラス。牛肉で鉄をチャージし、かぼちゃで血行を促進。貧血や冷えに負けない体をめざします。

美肌　腸活　冷えケア　貧血ケア　疲労回復

主菜

鉄が豊富な牛肉で血流改善

焼き肉 ➡ P89

★好みできゅうりの薄切りを添える。

ごはん（茶碗1杯150g）

252kcal / 塩分 0.0g /
たんぱく質 3.8g / 脂質 0.5g
★好みで桜大根をのせる。

1人分

506kcal
塩分 **1.6**g
たんぱく質 **20.6**g
脂質 **11.2**g

副菜

かぼちゃのβ-カロテンで風邪予防

かぼちゃと れんこんの南蛮漬け ➡ P116

牛肉の
おかず

牛もも薄切り肉　　牛こま切れ肉

美肌　冷えケア　貧血ケア　疲労回復

カラフル野菜で肌力を底上げ！

チンジャオロース一風

材料（2～3人分）

牛こま切れ肉 … 200g

パプリカ（赤）
　… ½個（100g）

ピーマン … 2個（80g）

片栗粉 … 小さじ2

A｜酒、オイスターソース
　　… 各大さじ1
　｜しょうゆ … 大さじ½
　｜しょうがのすりおろし
　　… 小さじ½

サラダ油 … 小さじ1

作り方

1　パプリカとピーマンはヘタと種を取り、縦に細切りにする。牛肉は片栗粉をまぶす。Aは混ぜ合わせる。

2　フライパンにサラダ油を中火で熱し、牛肉を炒める。色が変わったらパプリカとピーマンを加えて炒め、しんなりしたらAを加えて炒め合わせる。

3　シリコンカップに等分に入れて保存容器に並べ、冷めたらふたをして冷凍する。

保存期間　冷凍 2週間　冷蔵 3～4日

詰めるときは　電子レンジで加熱

1人分
169kcal
塩分 1.2g
たんぱく質 14.0g
脂質 8.5g

【片栗粉をまぶしておいしさアップ】

クッキング
POINT!

牛肉は片栗粉をまぶしてから炒めることで、調味料や野菜とのからみがよくなり、汁っぽくなりません。冷めてもかたくならないのも◎。

冷えケア　貧血ケア　ダイエット　疲労回復

ソース独特のうまみでごはんが進む

牛肉のソース煮

材料（2～3人分）

牛こま切れ肉 … 200g

しょうが … 1かけ

中濃ソース … 大さじ4

酒 … 大さじ2

保存期間
冷凍 2週間／冷蔵 3～4日

詰めるときは
電子レンジで加熱

作り方

1　しょうがはせん切りにする。

2　鍋に材料をすべて入れ、さっと混ぜる。中火で熱し、煮立ったらふたをしてときどき混ぜながら5～6分煮る。

3　シリコンカップに等分に入れて保存容器に並べ、冷めたらふたをして冷凍する。

1人分
171kcal
塩分 1.7g
たんぱく質 13.0g
脂質 7.1g

エリンギの食物繊維の一種・β-グルカンで免疫向上

焼き肉

材料（2～3人分）

牛焼き肉用肉…200g
ししとうがらし…8本（40g）
エリンギ…1本（60g）
A｜しょうゆ、みりん
　　…各大さじ1
　　みそ、にんにく・しょうが
　　のすりおろし、豆板醤
　　…各小さじ1
白いりごま…適量
ごま油…小さじ1

作り方

1 ししとうは包丁で1カ所切り込みを入れる。エリンギは長さを半分に切り、縦に5mm厚さに切る。Aは混ぜ合わせる。

2 フライパンにごま油を中火で熱し、牛肉を並べ、あいたところにししとうとエリンギを入れる。牛肉とエリンギに焼き色がついたら裏返し、ししとうは転がしながら焼く。

3 全体に火が通ったらAを加えて炒め合わせ、いりごまをふる。

4 シリコンカップに等分に入れて保存容器に並べ、冷めたらふたをして冷凍する。

 保存期間　冷凍 2週間　冷蔵 3～4日　 詰めるときは　電子レンジで加熱

1人分
172 kcal
塩分 1.3g
たんぱく質 14.7g
脂質 9.1g

冷えケア / 貧血ケア / 疲労回復

疲労改善によいねぎ入りのパワフルおかず

牛肉のねぎ塩炒め

材料（2～3人分）

牛焼き肉用肉…250g
A｜ねぎのみじん切り
　　…½本分
　　ごま油…小さじ2
　　顆粒鶏ガラスープの素
　　…小さじ½
　　塩…小さじ¼
サラダ油…小さじ1

作り方

1 Aは混ぜ合わせる。

2 フライパンにサラダ油を中火で熱して牛肉を炒め、火が通ったら火を止め、1を加えてさっと混ぜる。

3 シリコンカップに等分に入れて保存容器に並べ、冷めたらふたをして冷凍する。

 保存期間　冷凍 2週間　冷蔵 3～4日　 詰めるときは　電子レンジで加熱

1人分
195 kcal
塩分 1.2g
たんぱく質 16.2g
脂質 12.9g

冷えケア / 貧血ケア / ダイエット / 疲労回復

煮汁はしっかりきって入れるのがポイント

牛すき煮

材料（2～3人分）

牛もも薄切り肉…200g
玉ねぎ…½個（100g）
A｜だし汁…100ml
　　みりん…大さじ3
　　しょうゆ…大さじ2
　　和風だしの素
　　…小さじ½

作り方

1 牛肉は食べやすい大きさに切り、玉ねぎは1cm幅のくし形切りにする。

2 鍋にA、玉ねぎを入れて中火で熱し、煮立ったら火を止めて牛肉をほぐし入れる。弱火にかけ、アクを取り除きながら10分ほど煮る。

3 シリコンカップに等分に入れて保存容器に並べ、冷めたらふたをして冷凍する。

 保存期間　冷凍 2週間　冷蔵 3～4日　 詰めるときは　電子レンジで加熱

1人分
150 kcal
塩分 1.2g
たんぱく質 14.1g
脂質 5.8g

肉加工品の おかず

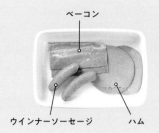

ベーコン

ウインナーソーセージ　ハム

〔食材MEMO〕

豚肉を加工したものがほとんど。たんぱく質やビタミンB群が豊富で、疲労回復や糖質の代謝によいとされています。手軽で使いやすいですが、塩分やカロリーが高めなため使いすぎには注意。ハムやベーコンは脂肪が少ないものを選んで。

| むくみ ケア | 冷え ケア | 貧血 ケア | 疲労 回復 |

じゃがいものカリウムでむくみのないボディに

ジャーマンソーセージ

材料（2～3人分）

ウインナーソーセージ
　…4本（60g）
じゃがいも…3個（300g）
にんにくのみじん切り
　…1かけ分
塩…適量
粒マスタード…大さじ1
サラダ油…小さじ1

 保存 期間　冷蔵 3～4日

 詰める ときは　電子レンジ で加熱

1人分
171kcal
塩分 1.3g
たんぱく質 4.9g
脂質 8.1g

作り方

1　ソーセージは斜め半分に切る。じゃがいもは皮をむいてひと口大に切り、耐熱ボウルに入れてラップをふんわりとかける。電子レンジで5分ほど、竹串がすっと通るまで加熱する。

2　フライパンにサラダ油とにんにくを入れて弱火で炒め、香りが立ったらじゃがいも、ソーセージを入れて3～4分炒める。

3　塩をふって炒め、火を止めて粒マスタードを加えて混ぜる。

4　シリコンカップに等分に入れて保存容器に並べ、冷めたらふたをして冷蔵する。

| 冷え ケア | 貧血 ケア | 疲労 回復 |

牛乳のカルシウムで骨を強化

ベーコンカップグラタン

材料（3人分）

ベーコン…3枚
玉ねぎ…¼個（50g）
バター…10g
小麦粉…大さじ2
牛乳…200ml
固形コンソメスープの素
　…1個
ピザ用チーズ、好みで
　パセリ（ドライ）…各適量

保存 期間　冷凍 2週間
冷蔵 3～4日

詰める ときは　電子レンジ で加熱

1人分
217kcal
塩分 1.5g
たんぱく質 7.9g
脂質 15.8g

作り方

1　ベーコンは3～4cm幅に切り、玉ねぎは薄切りにする。

2　フライパンにバターを中火で溶かし、1を入れて炒める。しんなりしたら火を止め、小麦粉をふり入れて粉っぽさがなくなるまで混ぜる。中火にかけ、牛乳を少しずつ加えながら混ぜる。スープの素を加え、とろみがつくまで3～4分煮る。

3　アルミカップ3個に2を等分に入れ、ピザ用チーズを散らす。トースターで7～8分、チーズが溶けるまで焼き、好みでパセリをふる。

4　保存容器に入れ、冷めたらふたをして冷凍する。

1人分
125 kcal
塩分 **1.3**g
たんぱく質 **4.8**g
脂質 **10.9**g

 ダイエット 冷えケア 貧血ケア 疲労回復

1人分
203 kcal
塩分 **1.3**g
たんぱく質 **9.8**g
脂質 **12.4**g

冷えケア 貧血ケア 疲労回復

スパイシーなカレー粉がアクセント

ソーセージと
ズッキーニのカレー粉炒め

材料（2～3人分）

ウインナーソーセージ
　…5本（80g）

ズッキーニ
　…½本（80g）

A｜カレー粉…小さじ½
　｜塩、こしょう…各少々

オリーブ油…小さじ1

🧊 **保存期間**
冷凍 2週間
冷蔵 3～4日

📦 **詰めるときは**
電子レンジで加熱

作り方

1　ソーセージは斜め半分に切る。ズッキーニは5mm厚さの半月切りにする。

2　フライパンにオリーブ油を中火で熱し、**1**を入れて炒める。焼き色がついたらAをふり、さっと炒め合わせる。

3　シリコンカップに等分に入れて保存容器に並べ、冷めたらふたをして冷凍する。

【 カレー粉で塩分をセーブ 】　ヘルシー POINT!

風味豊かなカレー粉で味にメリハリをつけると、塩分控えめでも満足感を高めることができます。カレー粉の代わりにクミンや粗びき黒こしょうをふっても。

パンにはさんでもおいしい

厚切りハムのカツ

材料（3人分）

厚切りハム…3枚（150g）

A｜小麦粉…大さじ4
　｜水…大さじ3

パン粉（細びきタイプ）
　…大さじ4

揚げ油…適量

🧊 **保存期間**
冷凍 2週間
冷蔵 3～4日

📦 **詰めるときは**
電子レンジで加熱

作り方

1　Aを混ぜ合わせ、バッター液を作る。

2　ハムに**1**、パン粉の順に衣をつける。

3　フライパンに深さ1cmほどの揚げ油を入れて熱し、**2**を入れ、裏返しながらこんがりとするまで揚げ焼きにし、油をきる。

4　保存容器に入れ、冷めたらふたをして冷凍する。

【 パン粉は細びきでカロリーダウン 】　ヘルシー POINT!

フライを作るときは、パン粉は目が細かいものを選びましょう。吸油率が少なくて済み、オイルとカロリーカットに役立ちます。

切り身魚 が主菜の

{ めかじきのパン粉焼き弁当 }

体にいいお弁当 MEMO

脂肪が少なく淡泊なめかじきを、チーズ風味のパン粉焼きに。コクのある主菜には、甘酸っぱいビーンズサラダともち麦入りごはんが好相性。不足しがちな食物繊維を補いつつ、よくかむことで満足度の高いランチタイムにします。

腸活　ダイエット　冷えケア　貧血ケア　疲労回復

もち麦入りごはん（茶碗1杯150g）→ P65
224kcal / 塩分 0.0g /
たんぱく質 3.4g / 脂質 0.8g
★好みで粗びき黒こしょうをふる。

1人分
486kcal
塩分 1.6g
たんぱく質 22.2g
脂質 17.9g

★好みで
プチトマトを添える。

副菜
手軽なミックスビーンズでお通じ改善
ミックスビーンズサラダ → P112

主菜
カルシウム豊富な粉チーズでまろやかに
**めかじきの
パン粉焼き** → P94

体にいい2品弁当

{ ぶりの照り焼き弁当 }

体にいいお弁当 MEMO

甘辛味のぶりの照り焼きをドーンとのせた、和風弁当。ぶりは、カルシウムの吸収に関わるビタミンDや鉄を多く含み、骨の健康や低血圧、貧血対策が期待できます。副菜は、ブロッコリーときのこを塩麹で炒めたソテーで、腸活を意識。見た目は地味ですが、くり返し作りたくなる組み合わせです。

腸活　美肌　冷えケア　貧血ケア　疲労回復

ごはん (茶碗1杯150g)
252kcal / 塩分 0.0g /
たんぱく質 3.8g / 脂質 0.5g

1人分
585 kcal
塩分 2.4 g
たんぱく質 24.7 g
脂質 18.3 g

主菜

これぞ定番。
リピ間違いなしの甘辛味!
ぶりの照り焼き → P96

副菜

発酵食品の塩麹と
きのこで腸を活性化
**ブロッコリーときのこの
塩麹ソテー** → P114

切り身魚の
おかず

生ざけ

ぶり　生だら

〔食材MEMO〕
さけ、ぶり、めかじきには、ビタミンB群やカルシウムの吸収を促すビタミンDが豊富で、冷えや血行改善、骨粗しょう症対策におすすめ。たらは、低脂肪なため、ダイエット向き。切り身や刺し身のさくは、魚をおろす手間がないので手軽です。

冷え
ケア　貧血
ケア　疲労
回復

淡泊なめかじきにチーズの風味がマッチ

めかじきのパン粉焼き

材料（2人分）

めかじき…2切れ

マヨネーズ…大さじ1

塩、こしょう…各少々

A｜パン粉（細びきタイプ）
　　…大さじ2
　　粉チーズ…小さじ1

サラダ油…小さじ2

🄳 保存期間

冷凍 2週間／冷蔵 3〜4日

🄳 詰めるときは

電子レンジで加熱

作り方

1 めかじきはペーパータオルではさんで包み、余分な水けをとる。マヨネーズを薄く塗り、塩、こしょうをふる。

2 バットにAを入れて混ぜ、広げて1にまぶす。

3 フライパンにサラダ油を中火で熱し、2を入れ、火が通るまで両面3〜4分ずつ焼く。保存容器に入れ、冷めたらふたをして冷凍する。

1人分
165 kcal
塩分 **0.9**g
たんぱく質 **13.4**g
脂質 **11.1**g

冷え
ケア　貧血
ケア　疲労
回復

まぐろのDHAで脳を健やかに

まぐろカツ

材料（2人分）

まぐろの赤身（さく）
　　…140g

溶き卵…½個分

小麦粉、パン粉（細びき
　タイプ）、揚げ油…各適量

 保存期間

冷凍 2週間／冷蔵 3〜4日

🄳 詰めるときは

電子レンジで加熱

作り方

1 まぐろはペーパータオルではさんで包み、余分な水けをとり、2等分に切る。

2 1に小麦粉、溶き卵、パン粉の順に衣をつける。

3 フライパンに深さ2cmほどの揚げ油を入れて熱し、2を入れ、裏返しながらこんがりとするまで揚げ焼きにし、油をきる。保存容器に入れ、冷めたらふたをして冷凍する。

★食べるときに、中濃ソースやマスタードをつけて。

1人分
217 kcal
塩分 **0.2**g
たんぱく質 **20.0**g
脂質 **11.9**g

1人分
181 kcal
塩分 **0.5g**
たんぱく質 **18.6g**
脂質 **7.4g**

冷え ケア ｜ アンチ エイ ジング ｜ 疲労 回復

1人分
188 kcal
塩分 **0.7g**
たんぱく質 **19.5g**
脂質 **10.9g**

アンチ エイ ジング ｜ 冷え ケア ｜ 疲労 回復

ほどよい甘酸っぱ味が食欲を刺激

さけのマリネ

材料（2～3人分）

生ざけ…3切れ（240g）
玉ねぎ…½個（100g）
にんじん…⅓本（70g）
A 酢、レモン汁
　　…各大さじ1と½
　砂糖、オリーブ油
　　…各大さじ1
　塩…小さじ⅓

小麦粉…大さじ1
好みでパセリ（ドライ）
　…適量
サラダ油…小さじ2

🧊 **保存期間**
冷凍 2週間／冷蔵 3～4日

🌱 **詰めるときは**
電子レンジで加熱

作り方

1 玉ねぎは薄切りにし、にんじんは皮をむいて3～4cm
　長さのせん切りにする。耐熱ボウルに入れてラップを
　ふんわりとかけ、電子レンジで1分30秒ほど加熱し、
　Aを加えて混ぜる。

2 さけはペーパータオルではさみで包み、余分な水けを
　とり、3等分に切って小麦粉をまぶす。

3 フライパンにサラダ油を中火で熱し、2を入れ、火が
　通るまで両面3～4分ずつ焼き、1に漬ける。

4 シリコンカップに等分に入れ、好みでパセリをふる。
　保存容器に並べ、冷めたらふたをして冷凍する。

【 酢で疲労をケアし、やせ体質に 】 ヘルシー POINT!

酢に豊富なクエン酸が、疲労や肩こりのケアに効果的。酢
には、血糖値の急上昇を抑える働きがあり、やせやすい体
質への近道にも。

アンチエイジング食材のごまで老けない体に

さけのごま焼き

材料（2～3人分）

生ざけ…3切れ（240g）
しょうゆ…小さじ2
酒…小さじ1
A 白いりごま、黒いりごま
　　…各適量
サラダ油…小さじ2

🧊 **保存期間**
冷凍 2週間
冷蔵 3～4日

🌱 **詰めるときは**
電子レンジで加熱

作り方

1 さけはペーパータオルではさみで包み、余分な水けを
　とり、半分に切る。

2 ボウルにしょうゆと酒を入れて混ぜ、1を加えてとき
　どき裏返しながら20分ほど漬ける。

3 バットにAを入れて混ぜ、2にまぶす。

4 フライパンにサラダ油を弱火で熱し、3を入れ、火が
　通るまで両面3～4分ずつ焼く。シリコンカップに等
　分に入れて保存容器に並べ、冷めたらふたをして冷凍
　する。

【 ごまは加熱してとろう！ 】 ヘルシー POINT!

ごま特有の抗酸化成分ゴマリグナ
ンは、加熱することで栄養価が高
まるといわれています。焼いてい
る途中ではがれないように、しっ
かりまぶして。

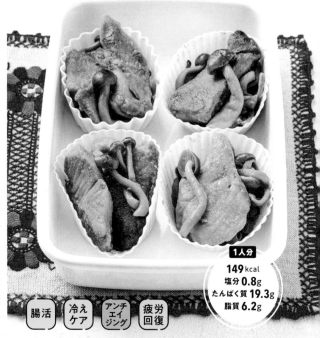

1人分
292 kcal
塩分 **1.4g**
たんぱく質 **18.3g**
脂質 **16.1g**

1人分
149 kcal
塩分 **0.8g**
たんぱく質 **19.3g**
脂質 **6.2g**

[冷え ケア] [貧血 ケア] [疲労 回復]

[腸活] [冷え ケア] [アンチ エイ ジング] [疲労 回復]

何度でも食べたい定番の味

ぶりの照り焼き

材料（2人分）

ぶり…2切れ（160g）　　酒…小さじ1

ねぎ…1本（60g）　　　　片栗粉…小さじ2

A｜酒、しょうゆ、みりん　サラダ油…小さじ1
　｜…各大さじ1
　｜砂糖…大さじ½

作り方

1　ねぎは5cm長さに切る。Aは混ぜ合わせる。

2　ぶりはペーパータオルではさんで包み、余分な水けを
　とり、酒をふって片栗粉をまぶす。

3　フライパンにサラダ油を中火で熱して**2**を入れ、焼き
　色がつくまで2〜3分焼いて裏返す。ねぎを加え、ね
　ぎを転がしながら焼き色がつくまで焼く。

4　Aを加え、軽くとろみがつくまで煮からめる。保存容
　器に入れ、冷めたらふたをして冷凍する。

 保存期間　　　　 **詰めるときは**

冷凍 2週間／冷蔵 3〜4日　　電子レンジで加熱

【 水けをオフして塩分カット 】　　ヘルシー
　　　　　　　　　　　　　　　　　POINT!

魚の表面に水けがあると塩分を多く引き込んでしまうため、
ペーパータオルで余分な水けをオフ。塩分のとりすぎ予防
に有効です。

ポン酢を使えば味つけの手間なし！

さけのバタポン焼き

材料（2〜3人分）

生ざけ…3切れ（240g）

しめじ…1パック（100g）

小麦粉…小さじ2

バター…10g

ポン酢しょうゆ…大さじ2

作り方

1　しめじは石づきを取って小房に分ける。さけはペー
　パータオルではさんで包み、余分な水けをとる。3〜
　4等分のそぎ切りにし、小麦粉をまぶす。

2　フライパンにバターを中火で溶かし、さけを入れ、焼
　き色がつくまで2〜3分焼く。裏返してしめじを加え、
　さけとしめじに火を通す。ポン酢を加えてさっと焼き
　からめる。

3　シリコンカップに等分に入れて保存容器に並べ、冷め
　たらふたをして冷凍する。

保存期間　　　　**詰めるときは**

冷凍 2週間／冷蔵 3〜4日　　電子レンジで加熱

1人分
171 kcal
塩分 1.6g
たんぱく質 20.3g
脂質 5.7g

| 美肌 | 冷え ケア | アンチ エイ ジング | 疲労 回復 |

1人分
111 kcal
塩分 1.2g
たんぱく質 15.7g
脂質 1.1g

| ダイ エット | 冷え ケア | 貧血 ケア | 疲労 回復 |

冷めてもしっとりやわらか！

さけのちゃんちゃん焼き

材料（2～3人分）

生ざけ…3切れ（240g）

キャベツ…⅛個（130g）

にんじん…¼本（50g）

A｜みそ…大さじ1と½
　｜みりん…大さじ1
　｜しょうゆ…大さじ½

サラダ油…小さじ1

作り方

1 キャベツは3cm四方に切り、にんじんは皮をむいて4cm長さの短冊切りにする。Aは混ぜ合わせる。

2 さけはペーパータオルではさんで包み、余分な水けをとり、食べやすい大きさに切る。

3 フライパンにサラダ油を中火で熱し、**2**を入れ、両面に焼き色をつける。キャベツとにんじんをのせてAを回しかけ、ふたをして4分ほど蒸し焼きにする。

4 野菜がしんなりしてきたらふたを取り、上下を返しながら汁けがなくなるまで炒める。シリコンカップに等分に入れて保存容器に並べ、冷めたらふたをして冷凍する。

 保存期間

 詰めるときは

冷凍 2週間／冷蔵 3～4日　電子レンジで加熱

合わせる副菜を選ばないシンプルな魚おかず

たらのみそ漬け

材料（2人分）

生だら…2切れ（160g）

A｜酒、みそ、みりん…各大さじ1

作り方

1 たらはペーパータオルではさんで包み、余分な水けをとる。

2 保存用ポリ袋にAを入れて混ぜ、**1**を加えて1時間ほど漬ける。

3 フライパンにオーブン用シートを敷き、**2**の漬けだれをぬぐって並べる。弱めの中火にかけ、こんがりと焼き色がつくまで両面焼く。

4 保存容器に入れ、冷めたらふたをして冷凍する。

 保存期間

 詰めるときは

冷凍 2週間／冷蔵 3～4日　電子レンジで加熱

【 漬けて焼くだけで味しみ！ 】　クッキング POINT!

漬けだれに漬けておくだけで、みそやみりんのうまみがしっかりしみた絶品おかずに。漬けすぎると味が濃くなるので気をつけて。

えび、いか、貝、魚缶 が

{　えびのゆずこしょう焼き弁当　}

体にいいお弁当 MEMO

代謝や筋力を維持し、血中コレステロールや中性脂肪を減らすタウリン豊富なえびを使ったダイエット弁当。キリッとしたゆずこしょう味の主菜に、副菜はあっさりとした甘酢あえをイン。あと味さわやかな、ランチタイムを楽しめます。

★好みで
青じそを添える。

主菜

ゆずこしょうの
ほどよい辛みでごはんが進む

**えびのゆず
こしょう焼き** ➡ P100

1人分
404kcal
塩分 **2.3**g
たんぱく質 **25.3**g
脂質 **2.6**g

ごはん（茶碗 1 杯 150g）
252kcal / 塩分 0.0g /
たんぱく質 3.8g / 脂質 0.5g
★好みで桜大根をのせる。

副菜
やわらかいなすに甘酢がしみてたまらない

水菜となすの甘酢あえ ➡ P115

主菜の体にいい2品弁当

{ さばみそ缶とトマトのピリ辛煮弁当 }

体にいいお弁当 MEMO
DHAやEPAが手軽にとれるさば缶と美肌野菜のトマトで作る、スパイシーな煮もの。豆板醤をきかせた主菜には、甘みのあるかぼちゃのサラダを添えてビタミン類の補給を意識。もう少し野菜がほしいときは、ゆでブロッコリーを詰めてバランスアップ。

主菜
DHAとEPAで血行を改善し、
巡りのよい体になる！
**さばみそ缶と
トマトのピリ辛煮** ⊙ P102

1人分
557kcal
塩分 **1.4**g
たんぱく質 **19.7**g
脂質 **20.3**g

雑穀入りごはん(茶碗1杯150g) ⊙ P18
245kcal / 塩分 0.0g /
たんぱく質 4.9g / 脂質 1.2g

副菜
ナッツを加えてアンチエイジング！
かぼちゃサラダ ⊙ P112

ゆで
ブロッコリー
⊙ P62

えび、いか、貝、魚缶のおかず

えび　　ほたて　　さば缶

〔食材MEMO〕

高たんぱく、低脂質なえび、いか、貝は、ダイエット中にマークしたい優秀食材です。さばやツナの缶詰は、コレステロールや中性脂肪を下げるDHAやEPAの宝庫。手ごろでストックしやすいので、常備すると便利。

`美肌` `ダイエット` `貧血ケア` `疲労回復`

アスパラガスのアスパラギン酸でお疲れ対策

えびのゆずこしょう焼き

1人分
116 kcal
塩分 1.6g
たんぱく質 20.3g
脂質 2.0g

材料（2～3人分）
えび（殻つき）… 300g
グリーンアスパラガス
　… 4本（60g）
A｜ゆずこしょう
　　… 小さじ2
　｜しょうゆ、酢、みりん
　　… 各小さじ1
サラダ油 … 小さじ1

保存期間
冷凍 2週間／冷蔵 3～4日

詰めるときは
電子レンジで加熱

作り方
1 アスパラガスは下半分の皮をピーラーでむき、長さを3～4等分に切る。Aは混ぜ合わせる。
2 えびは殻をむき、背に切り込みを入れて背ワタを取る。
3 フライパンにサラダ油を中火で熱し、2を並べて焼く。えびの色が変わってきたら裏返し、アスパラガスを加えて炒め合わせ、Aを加えて焼きからめる。
4 シリコンカップに等分に入れて保存容器に並べ、冷めたらふたをして冷凍する。

`美肌` `貧血ケア` `疲労回復`

オイルで炒めてβ-カロテンをむだなく摂取

ツナとピーマンの炒めもの

1人分
161 kcal
塩分 1.5g
たんぱく質 10.3g
脂質 11.7g

材料（2～3人分）
ツナオイル煮缶
　（チャンクタイプ）
　… 大1缶（160g）
ピーマン … 3個（120g）
めんつゆ（3倍濃縮）
　… 大さじ2

保存期間
冷凍 2週間／冷蔵 3～4日

詰めるときは
電子レンジで加熱

作り方
1 ピーマンはヘタと種を取り、小さめの乱切りにする。
2 フライパンにツナの缶汁を小さじ2入れて中火で熱し、1を入れ、しんなりするまで炒める。
3 ツナの缶汁をきって加え、粗くほぐしながらさっと炒め、めんつゆを加えて炒め合わせる。
4 シリコンカップに等分に入れて保存容器に並べ、冷めたらふたをして冷凍する。

1人分
115 kcal
塩分 **1.1g**
たんぱく質 **18.5g**
脂質 **3.5g**

美肌　ダイエット　貧血ケア　疲労回復

1人分
109 kcal
塩分 **1.3g**
たんぱく質 **13.5g**
脂質 **4.9g**

ダイエット　貧血ケア　疲労回復

ししとうがらしで彩りと美肌力をアップ！

いかの七味とうがらし炒め

材料（2〜3人分）

いか…1ぱい（300g）

ししとうがらし
　…10本（50g）

しょうゆ…小さじ2

七味とうがらし…適量

サラダ油…小さじ2

 保存期間
冷凍 2週間／冷蔵 3〜4日

詰めるときは
電子レンジで加熱

作り方

1 ししとうは包丁で1カ所切り込みを入れる。

2 いかは足とワタを引き抜き、ワタは切り落とす。胴は軟骨を除いて食べやすい大きさに切り、足は2〜3本ずつ切り分ける。

3 フライパンにサラダ油を中火で熱し、1、2を炒める。しょうゆを回し入れ、七味とうがらしをふり、さっと炒め合わせる。

4 シリコンカップに等分に入れ、七味とうがらしをふる。保存容器に並べ、冷めたらふたをして冷凍する。

【七味とうがらしで減塩を】 ヘルシーPOINT!

 つい味が濃いめになりがちな人は、七味とうがらしを試してみて。ひとふりするだけで味にメリハリが出て、薄味でも満足感が得られます。

ハーブミックスの代わりにパセリでもOK！

ほたてのハーブ焼き

材料（2人分）

ほたて…8個（200g）

ハーブミックス（ドライ）、塩、こしょう…各適量

オリーブ油…小さじ2

作り方

1 アルミホイルを敷いた天板にほたてを並べ、ハーブミックス、塩、こしょう、オリーブ油をふる。

2 オーブントースターで、途中で一度裏返しながら5〜6分焼く。

3 シリコンカップに等分に入れて保存容器に並べ、冷めたらふたをして冷凍する。

 保存期間
冷凍 2週間／冷蔵 3〜4日

 詰めるときは
電子レンジで加熱

【トースター焼きがラク！】 クッキングPOINT!

 洗いものを減らしたいなら、トースター焼きに。天板にアルミホイルを敷き、ほたてをのせて焼けば、作るのも片づけもラク！

1人分
156 kcal
塩分 **1.1**g
たんぱく質 **11.4**g
脂質 **9.3**g

美肌 / ダイエット / 貧血ケア / 疲労回復

1人分
213 kcal
塩分 **0.4**g
たんぱく質 **19.1**g
脂質 **10.4**g

貧血ケア / 疲労回復

豆板醤をきかせて代謝を促進

さばみそ缶と
トマトのピリ辛煮

材料（2〜3人分）

さばみそ煮缶 … 1 缶（200g）

トマト … 1 個（150g）

A｜しょうゆ … 小さじ 1
　｜豆板醤 … 小さじ ½

作り方

1 トマトはヘタを取り、8等分のくし形切りにする。

2 鍋にさばみそ煮を缶汁ごと入れ、1、Aを加えて中火にかける。さばを粗くほぐし5〜6分煮る。

3 シリコンカップに等分に入れて保存容器に並べ、冷めたらふたをして冷凍する。

 保存期間
冷凍 2週間／冷蔵 3〜4日

詰めるときは
電子レンジで加熱

【 トマトは加熱して栄養吸収をアップ 】 ヘルシーPOINT!

トマトは加熱することで、抗酸化物質のリコピンやβ-カロテンの吸収率がアップ。かさも減ってたくさん食べられるので、一石二鳥です。

みんなが大好きな揚げものの定番

えびフライ

材料（3人分）

えび（殻つき）… 9 本（250g）

溶き卵 … ½ 個分

小麦粉、パン粉（細びきタイプ）、揚げ油 … 各適量

作り方

1 えびは尾を残して殻をむき、背に切り込みを入れて背ワタを取る。腹に切り目を入れてまっすぐにととのえる。

2 1に小麦粉、溶き卵、パン粉の順に衣をつける。

3 フライパンに深さ2cmほどの揚げ油を入れて熱し、2を入れ、裏返しながらこんがりとするまで揚げ焼きにし、油をきる。

4 保存容器に入れ、冷めたらふたをして冷凍する。

★食べるときに、中濃ソースやマスタードをつけて。

 保存期間
冷凍 2週間／冷蔵 3〜4日

詰めるときは
電子レンジで加熱

1人分
155 kcal
塩分 **1.5g**
たんぱく質 **15.1g**
脂質 **8.7g**

腸活 ダイエット 貧血ケア 疲労回復

1人分
199 kcal
塩分 **1.5g**
たんぱく質 **15.7g**
脂質 **10.2g**

アンチエイジング 貧血ケア 疲労回復

殺菌作用がある梅干しでお弁当向きの一品に

さば缶の梅炒め

材料（2〜3人分）

さば水煮缶 … 1缶（200g）
しめじ … ½パック（50g）
えのきだけ … ½袋（100g）
梅干し … 大1個
しょうゆ、ごま油 … 各小さじ1

 保存期間
冷凍 2週間
冷蔵 3〜4日

 詰めるときは
電子レンジで加熱

作り方

1 しめじは石づきを取って小房に分け、えのきだけは石づきを取って長さを3等分に切ってほぐす。梅干しは種を取って包丁でたたく。

2 フライパンにごま油を中火で熱し、きのこを入れて炒める。しんなりとしてきたら、缶汁をきったさば水煮と梅干しを加える。

3 さばを粗くほぐしながら炒め、しょうゆをふり、さっと炒め合わせる。

4 シリコンカップに等分に入れて保存容器に並べ、冷めたらふたをして冷凍する。

【 β-グルカンで血糖値対策 】 ヘルシー POINT!

きのこの注目成分が、食物繊維の一種・β-グルカン。血糖値の上昇をゆるやかにする、免疫アップなどさまざまな健康効果が期待できるので、日常的にとって。

卵が入っておいしさも栄養も倍増！

えび卵チリソース

材料（2〜3人分）

むきえび … 200g
片栗粉 … 大さじ1
卵 … 1個
A 水 … 100mℓ
トマトケチャップ … 大さじ3
砂糖、しょうゆ、酢 … 各大さじ½
豆板醤 … 小さじ1

B ねぎのみじん切り … ⅓本分（20g）
しょうがのみじん切り … 1かけ分
サラダ油 … 大さじ2

保存期間 冷凍 2週間
冷蔵 3〜4日

詰めるときは 電子レンジで加熱

作り方

1 えびは背に切り込みを入れて背ワタを取り、片栗粉をまぶす。卵は溶きほぐす。Aは混ぜ合わせる。

2 フライパンにサラダ油大さじ1を中火で熱し、卵を入れて菜箸で大きく混ぜ、半熟状になったら取り出す。

3 2のフライパンにサラダ油大さじ1を弱火で熱し、Bを炒める。香りが立ったらえびを加えて中火で炒め、えびの色が変わってきたらAを加える。混ぜながらとろみがつくまで3分ほど煮たら、2を加えてさっと混ぜる。

4 シリコンカップに等分に入れて保存容器に並べ、冷めたらふたをして冷凍する。

卵 の小さなおかず

ほぼ、冷凍OK！

良質なたんぱく質をはじめ、カルシウムや鉄をバランスよく含む優秀食材。
手ごろで扱いやすく、お弁当の食材としては欠かせません。
多めに入れて主菜にしてもいいし、食べごたえのある副菜にしても。

アンチエイジング ／ 貧血ケア ／ 疲労回復

入れるだけで
お弁当が映える！

基本の卵焼き

● **材料**（4人分）
卵…3個
A｜水…大さじ1
　｜砂糖、しょうゆ…各小さじ2
サラダ油…大さじ1

保存期間
冷凍 2週間
冷蔵 3〜4日

詰めるときは
電子レンジで加熱

● **焼き方**

1人分
92kcal
塩分 **0.6g**
たんぱく質 **4.8g**
脂質 **6.9g**

1
ボウルに卵を割り入れ、菜箸で切るように混ぜる。Aを加え、白身となじむまでよく混ぜる。

2
卵焼き器を中火で熱し、サラダ油を入れて余分な油をペーパータオルでふきながら全体になじませる。卵液の¼量ほどを流し入れて全体に広げ、まわりがかたまってきたら手前に向かって巻く。

3
巻いた卵を奥に滑らせ、残りの卵液の⅓量を流し入れる。巻いた卵の下にも流し入れて焼き、手前に巻く。巻き終わったら卵を奥に滑らせて移す。

4
これをあと2回繰り返して同様に焼く。冷めたら食べやすい大きさに切り、保存容器に並べ、ふたをして冷凍する。

+αで作る！

{ アレンジ卵焼き }

 保存期間　冷凍 2週間　冷蔵 3〜4日　　 詰めるときは　電子レンジで加熱

※レシピは4人分です。P104「基本の卵焼き」の材料と焼き方を参照し、それぞれ追加する材料を加えて同様に作ります。

彩りのよさはピカイチ
にんじん入り卵焼き

皮をむいたにんじん¼本（50g）をみじん切りにして耐熱容器に入れ、ラップをふんわりとかけ、電子レンジで30秒ほど加熱して粗熱をとったものを Aに加える。

1人分　97kcal / 塩分 0.6g
たんぱく質 4.9g / 脂質 6.9g

ひじきでミネラル補給
ひじき入り卵焼き

芽ひじき（乾燥）大さじ1強をたっぷりの水でもどし、水けをきったものを Aに加える。

1人分　93kcal / 塩分 0.6g
たんぱく質 4.9g / 脂質 6.9g

うまみ食材が2つ入り！
かにかま＆えのき入り卵焼き

ほぐしたかに風味かまぼこ3本分、石づきを取り長さを3等分に切ったえのきだけ50gを Aに加える。

1人分　105kcal / 塩分 0.8g
たんぱく質 6.5g / 脂質 6.9g

磯の香りがたまらない
青のり入り卵焼き

青のり小さじ ½ を Aに加える。

1人分　93kcal / 塩分 0.6g
たんぱく質 4.9g / 脂質 6.9g

コロコロッとした食感がいい！
枝豆入り卵焼き

解凍してさやから出した枝豆（冷凍）35gを、Aに加える。

1人分　104kcal / 塩分 0.6g
たんぱく質 5.9g / 脂質 7.4g

カルシウム食材をWでプラス
ほうれん草とチーズ入り卵焼き

さっとゆでて3cm長さに切ったほうれん草2株分、1cm角に切ったプロセスチーズ小2個（1個20g）分を Aに加える。

1人分　129kcal / 塩分 0.9g
たんぱく質 7.4g / 脂質 9.5g

漬けておくだけでできる！

アンチ
エイ
ジング / 貧血
ケア / 疲労
回復

基本の味卵

◉ 材料（4個分）

卵…4個

A｜しょうゆ、みりん、水
　｜…各50㎖

保存期間
冷蔵 3～4日

詰めるときは
汁けをきって
入れる

◉ 作り方

1　鍋に湯を沸かし、卵を入れて10分ほどゆでる。

2　小鍋にAを煮立てて火を止め、粗熱をとり保
　存用ポリ袋（または保存容器）に移す。殻をむ
　いた卵を入れて口を閉じ、冷めたら冷蔵する。

★一晩漬けてからが食べごろです。

1個分
90kcal
塩分 **0.9**g
たんぱく質 **6.5**g
脂質 **5.2**g

漬けだれで味変！

{ いろいろ味卵 }

※レシピは4個分です。
上記「基本の味卵」の材料と作り方を参照し、
それぞれ漬けだれを替えて同様に作ります。

カレー風味の味卵

Aにカレー粉小さじ1を加える。

1個分　90kcal／塩分 0.9g
たんぱく質 6.5g／脂質 5.2g

塩味の味卵

Aの代わりに水150㎖、塩、顆粒
鶏ガラスープの素各小さじ1、に
んにくのすりおろし小さじ½を
ひと煮立ちさせたものに漬ける。

1個分　76kcal／塩分 0.9g
たんぱく質 6.2g／脂質 5.2g

めんつゆ
ごま油味の味卵

Aの代わりにめんつゆ（3倍濃縮）100
㎖、水50㎖、ごま油大さじ1をひと
煮立ちさせたものに漬ける。

1個分　91kcal／塩分 0.9g
たんぱく質 6.5g／脂質 6.1g

ソース風味の味卵

Aの代わりに中濃ソース大さじ4
に漬ける。

1個分　83kcal／塩分 0.5g
たんぱく質 6.2g／脂質 5.2g

ねぎをたっぷり入れてふっくらやわらか

スパニッシュオムレツ

材料（2〜3人分）

卵…3個
ねぎ…1本（60g）
ハム…3枚（60g）
顆粒コンソメ
　スープの素…小さじ1
サラダ油…小さじ1

作り方

1 ボウルに卵を溶きほぐし、スープの素を加えて混ぜる。

2 ねぎは斜め薄切りにし、ハムは1cm四方に切る。

3 フライパンにサラダ油を中火で熱し、**2**を入れてさっと炒める。**1**を加えて大きく混ぜ、ふたをして弱めの中火で5分ほど焼く。焼き色がついたら裏返し、ふたをして5分ほど焼く。

4 粗熱がとれたら6等分に切り、保存容器に並べ、冷めたらふたをして冷凍する。

1人分　137kcal / 塩分1.1g / たんぱく質9.7g / 脂質9.3g

 保存期間　冷凍 2週間 冷蔵 3〜4日

 詰めるときは　電子レンジで加熱

ほうれん草をたっぷり入れて鉄を補給

カップキッシュ

材料（3人分）

卵…1個
A｜牛乳…大さじ3
　｜塩、こしょう…各少々
ほうれん草
　…½束（100g）
玉ねぎ…¼個（50g）
ベーコン…2枚（40g）
塩、こしょう…各少々
ピザ用チーズ…30g
粗びき黒こしょう…適量
サラダ油…小さじ1

作り方

1 ボウルに卵を溶きほぐし、Aを加えて混ぜる。

2 ほうれん草は4cm長さに切り、玉ねぎは薄切りにする。ベーコンは1cm幅に切る。

3 フライパンにサラダ油を中火で熱し、**2**を炒め、塩、こしょうをふる。アルミカップ3個に等分に入れ、**1**を流し入れ、ピザ用チーズを散らす。200度に温めたオーブンで10分ほど焼き、黒こしょうをふる。保存容器に並べ、冷めたらふたをして冷凍する。

 保存期間　冷凍 2週間 冷蔵 3〜4日

 詰めるときは　電子レンジで加熱

1人分　119kcal / 塩分1.0g
たんぱく質8.0g / 脂質8.0g

お弁当のすき間うめにぴったり！

うずら卵のピクルス

材料（2〜3人分）

うずら卵の水煮、プチトマト…各10個
A｜酢、水…各200mℓ
　｜砂糖…40g
赤とうがらし…1本
好みでローリエ…1枚

作り方

1 小鍋にAを煮立てて火を止め、粗熱をとる。

2 プチトマトはヘタを取り、赤とうがらしは半分に切って種を取る。

3 保存容器に水けをきったうずら卵、**2**、好みでローリエを入れて**1**を注ぎ、冷めたらふたをして冷蔵する。

★2〜3時間漬けてからが食べごろです。

 保存期間　冷蔵 3〜4日

 詰めるときは　汁けをきって入れる

1人分　90kcal / 塩分0.1g
たんぱく質4.6g / 脂質4.4g

まだまだある！
卵の小さな作りおきおかず

たらこのうまみで味つけがラク！

たらこ入り炒り卵

材料（2〜3人分）

卵…3個
たらこ…½腹（30g）
みりん…小さじ2
万能ねぎの小口切り…適量
サラダ油…大さじ1

作り方

1 たらこは皮に切り目を入れて中身を取り出す。ボウルに卵を溶きほぐし、たらこ、みりんを加えて混ぜる。

2 フライパンにサラダ油を中火で熱し、**1**を流し入れる。木ベラで返すように混ぜながら、大きめの炒り卵状にする。

3 シリコンカップに等分に入れ、万能ねぎをふる。保存容器に並べ、冷めたらふたをして冷凍する。

 保存期間　冷凍 2週間 冷蔵 3〜4日

 詰めるときは　電子レンジで加熱

1人分　136kcal / 塩分0.7g
たんぱく質8.6g / 脂質9.6g

作りおきおかずや野菜を混ぜてにぎるだけ！

体にいい具だくさんおにぎり

#03

作りおきおかずやゆで野菜をごはんに入れてにぎった、具だくさんなおにぎり。
主食で肉や野菜がとれるので、今日はしっかり食べたいな、おかずがちょっとたりないなというときにピッタリです。

※このページのレシピは1個分です。

〔 基本のおにぎり1個分の作り方 〕

1 水大さじ2に塩小さじ1を混ぜて溶かし、
手水を作る。

2 手に手水をつけ、ごはん（茶碗1杯150g）
をにぎり、好みで焼きのりを巻く。

チャーシュー入り
▶ P84

1.5cm角のチャーシュー1枚分を電子
レンジで加熱。茶碗にごはん半量、肉、
残りのごはんの順にのせてにぎる。

豚つくね入り
▶ P74

豚つくね1個を電子レンジで加熱する。
茶碗に、ごはんの半量を入れて豚つくね
をおき、残りのごはんをのせてにぎる。

味卵入り
▶ P106 （好みの味卵で）

茶碗に、ごはんの半量を入れて味卵½
個をおき、残りのごはんをのせてにぎ
る。

ひじきと大豆の
梅あえ入り ▶ P119

ひじきと大豆の梅あえ大さじ2をごは
んに混ぜ、にぎる。

枝豆とチーズと
塩昆布入り ▶ P62 （ゆで枝豆）

プロセスチーズ小2個（1個20g）は1
cm角に切り、ゆで枝豆4さやはさやと
薄皮を取る。チーズ、枝豆、塩昆布適
量をごはんと混ぜ、にぎる。

ソーセージと
卵焼き入り ▶ P104 （卵焼き）

フライパンにサラダ油少々を熱し、ウ
インナーソーセージ1本をさっと炒め
る。卵焼き1切れは電子レンジで加熱
する。茶碗に、ごはんの半量を入れて
ソーセージと卵焼きをおき、残りのご
はんをのせてにぎる。

PART
4

野菜や海藻がたっぷりとれる！

副菜の
作りおきおかず

お弁当の栄養バランスや見た目を左右する
のが、副菜。ビタミンや食物繊維、ミネラル
がたっぷりで、体にいいお弁当作りには欠か
せないレシピが勢ぞろい。どれも簡単です。

どんなおかずとも相性抜群

ポテトサラダ

材料（2～3人分）

じゃがいも 2個（200g）　にんじん ⅓本（70g）　玉ねぎ ¼個（50g）　きゅうり 1本（100g）　ハム 3枚（60g）　マヨネーズ大さじ 3　塩、こしょう各適量

作り方

1　じゃがいもは竹串がスッと通るまで熱湯でゆでる。粗熱をとって皮をむき、つぶして冷ます。

2　にんじんは皮をむき、薄いいちょう切りにし、玉ねぎは薄切りにする。耐熱容器に入れてラップをふんわりとかけ、電子レンジで1分30秒ほど加熱する。水けをきり、冷ます。きゅうりは薄切りにし、塩小さじ½をまぶしてもみ、5分ほどおいて水けをしぼる。ハムは1cm四方に切る。

3　1、2、マヨネーズを混ぜ、塩、こしょう各適量で味をととのえる。保存容器に入れてふたをし、冷蔵する。

若返りの果物アボカドで老化を防止

アボカドとトマトのマリネサラダ

材料（2～3人分）

アボカド 1個　トマト 1個（150g）　A《オリーブ油大さじ 2　砂糖、酢、レモン汁各大さじ 1　塩小さじ ⅓　こしょう少々》

作り方

1　アボカドは皮と種を取り、ヘタを取ったトマトとともに2～3cm角に切る。

2　ボウルにAを混ぜ合わせ、1を加えてあえる。保存容器に入れ、ふたをして冷蔵する。

ハムやゆで卵を入れて栄養満点

マカロニサラダ

材料（2～3人分）

マカロニ 40g　ゆで卵 2個　きゅうり 1本（100g）　塩小さじ ½　ハム 3枚（60g）　A《マヨネーズ大さじ 1と ½　酢大さじ 1　砂糖小さじ 1　塩、こしょう各少々》　サラダ油小さじ ½

作り方

1　ゆで卵は殻をむいて白身と黄身に分け、白身はみじん切りする。マカロニは熱湯で表示時間より1～2分長くゆでて湯をきり、サラダ油をまぶす。

2　きゅうりは薄切りにして塩もみし、5分ほどおいて水けをしぼる。ハムは1cm四方に切る。

3　ボウルにA、1を入れ、黄身をくずしながら混ぜ、2を加えてあえる。保存容器に入れ、冷めたらふたをして冷蔵する。

1人分　194kcal／塩分1.1g
たんぱく質5.2g／脂質12.0g

1人分　191kcal／塩分0.7g
たんぱく質1.6g／脂質17.4g

1人分　198kcal／塩分1.4g
たんぱく質9.5g／脂質11.7g

サラダ

みんなが大好きなおなじみのサラダから、私のYouTubeで好評の一品まで、食べごたえも栄養バランスもGOODな作りおきサラダを集めました。

保存期間 冷蔵 3〜4日　　詰めるときは 汁けのあるものはきり、そのまま詰める

切ってあえるだけだから手軽！

コールスロー

 美肌　腸活

材料（2〜3人分）
キャベツ ¼ 個（250g）　玉ねぎ ¼ 個（50g）　にんじん ¼ 本（50g）　A《酢大さじ3　サラダ油大さじ2　砂糖小さじ1　塩小さじ ⅔　こしょう少々》

作り方
1 キャベツは芯を取って細切りにし、玉ねぎは薄切りにする。にんじんは皮をむき、3cm長さのせん切りにする。
2 ボウルにAを混ぜ合わせ、1を加えてあえる。保存容器に入れ、ふたをして冷蔵する。

たんぱく質も補えるパワーサラダ

ブロッコリーとゆで卵のサラダ

 美肌　アンチエイジング

材料（2〜3人分）
ブロッコリー1株（200g）　ゆで卵2個　玉ねぎ ¼ 個（50g）　A《マヨネーズ、プレーンヨーグルト各大さじ3》　塩、こしょう各適量

作り方
1 ブロッコリーは小房に分け、耐熱容器に入れてラップをふんわりとかけ、電子レンジで3分ほど加熱して粗熱をとる。ゆで卵は殻をむいて食べやすい大きさに切る。
2 玉ねぎは薄切りにして塩少々をまぶして軽くもみ、しんなりしたら水けをしぼる。
3 ボウルにAを入れて混ぜ、1、2を加えてあえる。塩、こしょう各適量で味をととのえ、保存容器に入れ、冷めたらふたをして冷蔵する。

にんじんのカロテンでツヤ肌に

キャロットラペ

 美肌　アンチエイジング

材料（2〜3人分）
にんじん2本（400g）　A《酢、レモン汁各大さじ2　オリーブ油大さじ1　砂糖小さじ2　塩小さじ ⅓》

作り方
1 にんじんは皮をむき、3cm長さのせん切りにする。
2 ボウルにAを混ぜ合わせ、1を加えてあえる。保存容器に入れ、ふたをして冷蔵する。

1人分 113kcal / 塩分 1.3g
たんぱく質 1.4g / 脂質 8.2g

1人分 172kcal / 塩分 0.7g
たんぱく質 8.1g / 脂質 13.2g

1人分 65kcal / 塩分 0.5g
たんぱく質 1.0g / 脂質 0.9g

たっぷりの豆で栄養満点

ミックス
ビーンズサラダ

材料（2〜3人分）

ミックスビーンズ缶1缶（110g）
きゅうり1本（100g）　A《酢、粒
マスタード各大さじ1　オリーブ
油小さじ2　砂糖小さじ1》　塩、
こしょう各少々

作り方

1　ミックスビーンズは缶汁をきる。
　きゅうりは1cm角に切る。

2　ボウルにAを混ぜ合わせ、1を
　加えて混ぜ、塩とこしょうで味
　をととのえる。保存容器に入れ、
　ふたをして冷蔵する。

かぼちゃでアンチエイジング

かぼちゃサラダ

材料（2〜3人分）

かぼちゃ¼個（400g）　ミックス
ナッツ（無塩）20g　A《マヨネー
ズ大さじ2　塩、こしょう各少々》

作り方

1　かぼちゃはワタと種を取り、2
　〜3cm角に切る。耐熱容器に入
　れ、ラップをふんわりとかけ、
　電子レンジで5分ほど加熱する。

2　ボウルに1を入れてつぶし、粗
　く刻んだミックスナッツとAを
　加えて混ぜる。保存容器に入れ、
　冷めたらふたをして冷蔵する。

食べ飽きない中華風味

春雨サラダ

材料（2〜3人分）

春雨35g　きゅうり1本（100g）
塩小さじ½　ハム2枚（40g）
A《砂糖、しょうゆ、酢各大さじ2
ごま油小さじ2　白いりごま適量》

作り方

1　熱湯で春雨をさっとゆでて湯を
　きり、長ければ食べやすい長さ
　に切る。

2　きゅうりは3cm長さのせん切り
　にし、塩をふってまぶし、しん
　なりしたら水けをしぼる。ハム
　は細切りにする。

3　ボウルにAを混ぜ合わせ、1と
　2を加えて混ぜる。保存容器に
　入れ、冷めたらふたをして冷蔵
　する。

1人分　97kcal／塩分0.7g
たんぱく質5.4g／脂質6.0g

1人分　156kcal／塩分0.3g
たんぱく質3.4g／脂質9.8g

1人分　119kcal／塩分2.1g
たんぱく質3.4g／脂質4.2g

焼きのりで汁けを防ぎ、風味もUP

大根サラダ

材料（2～3人分）

大根10cm（200g）　焼きのり（全型）2枚　A《しょうゆ大さじ1と½　砂糖、酢各大さじ1　練りわさび小さじ1》　貝割れ菜少々

作り方

1　大根は皮をむき、5cm長さの細切りにする。焼きのりは細かくちぎる。

2　ボウルにAを混ぜ合わせ、1を加えてあえる。保存容器に入れ、根元を切った貝割れ菜を散らし、ふたをして冷蔵する。

たっぷりひじきで腸内クリーニング

ひじきの
みそマヨサラダ

材料（2～3人分）

長ひじき（乾燥）10g　きゅうり½本（50g）　コーン缶½缶（100g）ツナ水煮缶小1缶（70g）A《マヨネーズ大さじ2　みそ大さじ½》

作り方

1　ひじきはたっぷりの水でもどし、水けをきり、食べやすい長さに切る。きゅうりは3～4cm長さのせん切りにする。コーンとツナは缶汁をきる。

2　ボウルにAを混ぜ合わせ、1を加えてあえる。保存容器に入れ、ふたをして冷蔵する。

切り干し大根でむくみを改善

切り干し大根の
中華サラダ

材料（2～3人分）

切り干し大根40g　さば水煮缶1缶（200g）　A《酢大さじ1　砂糖、しょうゆ、ごま油各小さじ2　白いりごま適量》

作り方

1　切り干し大根はさっと洗って水けをきる。さば水煮は缶汁をきる。

2　ボウルにAを混ぜ合わせ、1を加え、さばをほぐしながら混ぜる。保存容器に入れ、ふたをして冷蔵する。

1人分　33kcal／塩分1.0g
たんぱく質1.7g／脂質0.3g

1人分　113kcal／塩分0.9g
たんぱく質5.6g／脂質6.8g

1人分　167kcal／塩分1.1g
たんぱく質11.4g／脂質7.9g

緑野菜の
おかず
· GREEN FOOD ·

小松菜

水菜

ブロッコリー

〔 食材 MEMO 〕
免疫を高める抗酸化成分や、コラーゲンの生成を助けるビタミンCが豊富で、毎日とりたい野菜です。ビタミン類の流失を防ぐために、ゆでるときはなるべく短時間で加熱を。

美肌　腸活

1人分　41kcal／塩分 1.0g
たんぱく質 2.6g／脂質 1.7g

塩麹ときのこで腸内環境を整える
ブロッコリーときのこの塩麹ソテー

材料（2〜3人分）

ブロッコリー…½株（100g）
しめじ…½パック（50g）
エリンギ…1本（60g）
A｜塩麹…大さじ1と½
　｜水…大さじ1
　｜サラダ油…小さじ1

作り方

1 ブロッコリーは小房に分け、しめじは石づきを取って小房に分け、ほぐす。エリンギは長さを半分に切ってから薄切りにする。

2 フライパンに1とAを入れて混ぜ、ふたをして中火にかける。しんなりとするまで3分ほど蒸し焼きにし、ふたを取り、水けがとぶまで炒める。保存容器に入れ、冷めたらふたをして冷蔵する。

 保存期間　冷蔵 3〜4日　　 詰めるときは　電子レンジで加熱

美肌　アンチエイジング

1人分　54kcal／塩分 0.6g
たんぱく質 4.1g／脂質 1.2g

不足しがちな緑黄色野菜でビタミン補給
ブロッコリーとプチトマトの粒マスあえ

材料（2〜3人分）

ブロッコリー…1株（200g）
プチトマト…5〜6個
A｜粒マスタード…大さじ1
　｜しょうゆ…小さじ1
　｜砂糖…小さじ½

作り方

1 ブロッコリーは小房に分ける。耐熱容器に入れてラップをふんわりとかけ、電子レンジで3分ほど加熱し、粗熱をとる。プチトマトはヘタを取って半分に切る。

2 ボウルにAを混ぜ合わせ、1を加えてあえる。保存容器に入れ、冷めたらふたをして冷蔵する。

 保存期間　冷蔵 3〜4日　　 詰めるときは　汁けをきって入れる

美肌　腸活

1人分　72kcal／塩分 0.8g
たんぱく質 3.2g／脂質 4.8g

えのきだけも入れておいしくかさ増し
小松菜とかにかまのごまサラダ

材料（2〜3人分）

小松菜…1束（150g）
えのきだけ…⅓袋（70g）
かに風味かまぼこ…3本
A｜マヨネーズ、白すりごま
　｜　…各大さじ1
　｜砂糖、しょうゆ、オイスター
　｜　ソース…各小さじ1

作り方

1 小松菜は根元を切り落とし、5cm長さに切る。えのきだけは石づきを取り、長さを3等分に切ってほぐす。耐熱容器に入れてラップをふんわりとかけ、電子レンジで3分ほど加熱して水けをきる。

2 ボウルにAを混ぜ合わせ、1、ほぐしたかにかまを加えてあえる。保存容器に入れ、冷めたらふたをして冷蔵する。

 保存期間　冷蔵 3〜4日　　 詰めるときは　汁けをきって入れる

ブロッコリーのスルフォラファンでデトックス

ブロッコリーの塩昆布あえ

材料（2〜3人分）

ブロッコリー
…1株（200g）
ツナ水煮缶
…小1缶（70g）
塩昆布 …大さじ1
ごま油 …小さじ1

保存期間　冷蔵　3〜4日

詰めるときは　汁けをきって入れる

作り方

1 ブロッコリーは小房に分け、耐熱容器に入れてラップをふんわりとかけ、電子レンジで2分30秒ほど加熱して水けをきる。

2 1に、缶汁をきったツナ、塩昆布、ごま油を加えてあえる。保存容器に入れ、冷めたらふたをして冷蔵する。

1人分
53kcal / 塩分 0.5g
たんぱく質 6.9g
脂質 1.8g

小松菜に豊富な鉄とカルシウムで貧血改善

小松菜ののりあえ

材料（2〜3人分）

小松菜 …1束（150g）
にんじん …¼本（50g）
A｜砂糖、しょうゆ
　｜…各小さじ2
　｜練りわさび…小さじ1
焼きのり（全型）…1枚

保存期間　冷蔵　3〜4日

詰めるときは　汁けをきって入れる

作り方

1 小松菜は根元を切り落とし、3cm長さに切る。にんじんは皮をむき、3cm長さの細切りにする。耐熱容器に入れてラップをふんわりとかけ、電子レンジで3分ほど加熱する。水にさらし、水けをしぼる。

2 Aを混ぜ、1とちぎった焼きのりを加えて混ぜる。保存容器に入れ、ふたをして冷蔵する。

1人分
30kcal / 塩分 0.7g
たんぱく質 1.6g
脂質 0.3g

肌の粘膜を強くするカラフル野菜をたっぷりと

ブロッコリーのケチャップ炒め

材料（2〜3人分）

ブロッコリー
…½株（100g）
パプリカ（赤）
…½個（100g）
玉ねぎ…¼個（50g）
A｜トマトケチャップ
　｜…大さじ2
　｜砂糖…小さじ⅓
粗びき黒こしょう…少々
サラダ油 …小さじ1

保存期間　冷蔵　3〜4日

詰めるときは　電子レンジで加熱

作り方

1 ブロッコリーは小房に分ける。耐熱容器に入れてラップをふんわりとかけ、電子レンジで1分ほど加熱する。パプリカはヘタと種を取ってひと口大の乱切りにし、玉ねぎは薄切りにする。Aは混ぜ合わせる。

2 フライパンにサラダ油を中火で熱し、玉ねぎをしんなりするまで炒める。パプリカ、Aを加えて炒め、ブロッコリーを加えてさっと混ぜる。

3 保存容器に入れて黒こしょうをふり、冷めたらふたをして冷蔵する。

1人分
53kcal / 塩分 0.4g
たんぱく質 2.1g
脂質 1.6g

水菜のβ-カロテンで肌のターンオーバーを促進

水菜となすの甘酢あえ

材料（2〜3人分）

水菜 …½束（100g）
なす…2本（120g）
A｜酢…大さじ2
　｜砂糖…大さじ1と½
　｜塩…小さじ⅓

保存期間　冷蔵　3〜4日

詰めるときは　汁けをきって入れる

作り方

1 熱湯で水菜を20秒ほどゆで、さっと水にさらして3〜4cm長さに切り、水けをしぼる。

2 なすはヘタを取り、縦に浅く3本切り目を入れ、さっと水にくぐらせて耐熱容器に入れる。ラップをふんわりとかけ、電子レンジで2分ほど加熱する。粗熱をとり、縦に8等分に裂いて水けをしぼる。

3 ボウルにAを混ぜ合わせ、1と2を加えてあえる。保存容器に入れ、冷めたらふたをして冷蔵する。

1人分
36kcal / 塩分 0.7g
たんぱく質 1.2g
脂質 0.1g

赤と黄色野菜のおかず
• RED & YELLOW FOOD •

かぼちゃ　　にんじん　　パプリカ

〔 食材MEMO 〕

肌や粘膜を健康に保つβ-カロテンや、若々しさを保つのにマストなビタミンEなどを多く含有。どちらも脂溶性のため、油を使った料理に使うのがおすすめ。お弁当の彩りアップにも欠かせません。

美肌　冷えケア

1人分　82kcal / 塩分 0.3g
たんぱく質 2.1g / 脂質 1.6g

ビタミンEが豊富なかぼちゃで血行を促進し、冷え予防

かぼちゃとれんこんの南蛮漬け

材料(2〜3人分)

かぼちゃ… ⅛個(200g)
れんこん… 150g
A｜砂糖、しょうゆ、酢
　｜　…各大さじ 1
　｜赤とうがらしの小口切り
　｜　…小さじ 1
白いりごま…適量
サラダ油…大さじ 1

作り方

1　小鍋にAと水100mℓを入れて弱火でひと煮立ちさせ、冷めたら保存容器に入れる。
2　かぼちゃはワタと種を取り、皮つきのまま5mm厚さ、4cm幅のくし形に切る。れんこんは皮をむき、5mm厚さの半月切りにする。
3　フライパンにサラダ油を中火で熱し、2を入れて両面に焼き色がつくまで焼く。1に漬けていりごまをふり、保存容器に入れ、冷めたらふたをして冷蔵する。

 保存期間　冷蔵 3〜4日　 詰めるときは　電子レンジで加熱

美肌　アンチエイジング

1人分　86kcal / 塩分 0.7g
たんぱく質 2.0g / 脂質 4.3g

不足しがちな野菜を存分にとれる

ラタトゥイユ

材料(2〜3人分)

A｜玉ねぎ… ½個(100g)
　｜ズッキーニ… ½本(80g)
なす… 1本(60g)
パプリカ(赤、黄)
　…各¼個(各50g)
B｜にんにくのみじん切り
　｜　…1かけ分
　｜オリーブ油…大さじ 1
C｜トマト水煮缶(カットタイプ)
　｜　…½缶(200g)
　｜砂糖…小さじ 1
　｜塩…小さじ⅓

作り方

1　Aは1cm角に切る。なすはヘタを取り、パプリカはヘタと種を取り、1cm角に切る。
2　鍋にBを入れて弱めの中火で炒め、香りが立ったら1を中火で炒める。野菜がしんなりしてきたらCを加え、ときどき混ぜながら15分ほど煮込む。煮詰まってきたら火を止める。保存容器に入れ、冷めたらふたをして冷蔵する。

 保存期間　冷蔵 3〜4日　 詰めるときは　電子レンジで加熱

美肌　ダイエット

1人分　58kcal / 塩分 0.9g
たんぱく質 0.9g / 脂質 2.9g

油で炒めてβ-カロテンを効率よく摂取

にんじんとセロリのきんぴら

材料(2〜3人分)

にんじん… ½本(100g)
セロリ… 1本(100g)
A｜酒、しょうゆ…各大さじ 1
　｜砂糖…小さじ 1
白いりごま…適量
ごま油…小さじ 2

作り方

1　にんじんは皮をむき、セロリは筋を取り、それぞれ4cm長さの細切りにする。
2　フライパンにごま油を中火で熱し、1を炒める。しんなりとしたらAを加え、汁がとぶまで炒め、いりごまをふる。保存容器に入れ、冷めたらふたをして冷蔵する。

 保存期間　冷蔵 3〜4日　 詰めるときは　電子レンジで加熱

白い野菜の おかず

・ WHITE FOOD ・

かぶ　　ねぎ　　じゃがいも

〔食材MEMO〕

ビタミンCやカリウムを含み、体の調子を整えるのに役立つ野菜。なかでも、じゃがいものビタミンCは加熱に強いのが特徴です。かみごたえがある野菜が多く、お弁当のボリュームアップにも◎。

ビタミン豊富なかぶの葉もむだなく使用

かぶとねぎの塩麹蒸し

材料（2〜3人分）

かぶ…2個（200g）
かぶの葉…1個分
ねぎ…1本（60g）
A｜塩麹、水…各大さじ2
サラダ油…大さじ1

 保存期間　冷蔵 3〜4日

 詰めるときは　電子レンジで加熱

作り方

1　かぶは皮つきのまま4等分に切り、かぶの葉とねぎは4cm長さに切る。

2　フライパンにサラダ油をひき、かぶとねぎを入れてさっと混ぜ、かぶの葉をのせる。Aを混ぜ合わせてふり、弱めの中火で熱し、煮立ったらふたをして3分ほど蒸す。

3　ふたを取ってさっと混ぜ、保存容器に入れ、冷めたらふたをして冷蔵する。

1人分　69kcal／塩分1.3g
たんぱく質1.2g／脂質4.1g

ノンオイルでさっぱりさわやか

かぶの赤しそのふりかけ漬け

材料（2〜3人分）

かぶ…1個（100g）
きゅうり…1本（100g）
A｜酢…大さじ1と½
　｜赤しそのふりかけ…小さじ2
　｜砂糖…小さじ1

作り方

1　かぶは皮つきのまま薄い半月切りにし、きゅうりは小さめの乱切りにする。

2　ボウルにAを混ぜ合わせ、1を加えて混ぜる。保存容器に入れ、ふたをして冷蔵する。

 保存期間　冷蔵 3〜4日　 詰めるときは　汁けをきって入れる

1人分　17kcal／塩分0.5g
たんぱく質0.6g／脂質0.1g

じゃがいも＋コーンのカリウムでむくみ対策

じゃがいもとコーンのカレーソテー

材料（2〜3人分）

じゃがいも…2個（200g）
コーン缶…小1缶（65g）
A｜オリーブ油…大さじ1
　｜カレー粉…小さじ1
塩…小さじ½
粗びき黒こしょう…適量

 保存期間　冷蔵 3〜4日

 詰めるときは　電子レンジで加熱

作り方

1　じゃがいもは皮をむき、1.5cm角に切る。コーンは缶汁をきる。

2　フライパンにAを入れて弱火で熱し、なじんだらじゃがいも、塩を加える。中火でさっと炒め、水大さじ2をふり、ふたをして3分ほど蒸し焼きにする。

3　ふたを取ってコーンを加え、1〜2分炒める。保存容器に入れて黒こしょうをふり、冷めたらふたをして冷蔵する。

1人分　108kcal／塩分1.1g
たんぱく質1.7g／脂質4.3g

黒い食材の おかず
・ BLACK FOOD ・

わかめ

きのこ

こんにゃく

ひじき

〔食材MEMO〕
食物繊維に富み、低カロリーで腸内環境の改善やダイエットによい影響をもたらします。ひじきやわかめなどの海藻には、ミネラルが豊富。いずれも、おかずのかさ増しにも大活躍。

 美肌 腸活

1人分　61kcal / 塩分 0.4g
たんぱく質 2.6g / 脂質 3.6g

食物繊維とビタミンが補える彩りのよい一品

きのことパプリカの粉チーズ炒め

材料（2〜3人分）

しめじ…½パック（50g）
エリンギ…1本（60g）
パプリカ（赤）…1個（200g）
A｜粉チーズ…大さじ1
　｜塩…少々
粗びき黒こしょう…適量
オリーブ油…小さじ2

作り方

1 しめじは石づきを取って小房に分け、エリンギは長さを半分に切って縦に薄切りにする。パプリカはヘタと種を取り、小さめの乱切りにする。

2 フライパンにオリーブ油を中火で熱して1をしんなりするまで炒め、Aを加えて炒め、黒こしょうをふる。保存容器に入れ、冷めたらふたをして冷蔵する。

保存期間　冷蔵 3〜4日　　詰めるときは　電子レンジで加熱

ダイエット 腸活

1人分　50kcal / 塩分 1.3g
たんぱく質 1.8g / 脂質 3.9g

ごまの風味が香ばしいローカロリーおかず

わかめとえのきだけのごまナムル

材料（2〜3人分）

わかめ（乾燥）…10g
えのきだけ…½袋（100g）
A｜白いりごま…大さじ1
　｜ごま油…小さじ2
　｜顆粒鶏ガラスープの素
　｜　…小さじ1
　｜砂糖…小さじ⅓
　｜塩…小さじ¼

作り方

1 わかめはたっぷりの水でもどし、水けをきる。えのきだけは石づきを取り、長さを半分に切ってほぐす。耐熱容器にえのきだけを入れてラップをふんわりとかけ、電子レンジで1分30秒ほど加熱する。

2 Aを混ぜ合わせ、1を加えてあえる。保存容器に入れ、冷めたらふたをして冷蔵する。

保存期間　冷蔵 3〜4日　　詰めるときは　そのままお弁当に

腸活 ダイエット

1人分　94kcal / 塩分 1.7g
たんぱく質 4.7g / 脂質 3.3g

低カロ食材の代表格こんにゃくで定番の味を

こんにゃくとちくわのピリ辛煮

材料（2〜3人分）

こんにゃく（アク抜きずみ）
　…1枚（150g）
ちくわ…2本
A｜水…大さじ2
　｜みりん…大さじ1と½
　｜しょうゆ…大さじ1
　｜赤とうがらしの小口切り
　｜　小さじ1
　｜和風だしの素…小さじ½
ごま油…小さじ2

作り方

1 こんにゃくはひと口大にちぎり、ちくわは1.5cm幅の斜め切りにし、Aは混ぜ合わせる。

2 フライパンにこんにゃくを入れて中火にかけ、音がするまで炒めて水けをとばす。ごま油とちくわを加え、さらに炒める。

3 全体に油が回ったらAを加え、汁けがとぶまで煮る。保存容器に入れ、冷めたらふたをして冷蔵する。

保存期間　冷蔵 3〜4日　　詰めるときは　電子レンジで加熱

ビタミン、ミネラルいっぱいのこくうま炒め

ひじきの明太バター炒め

材料（2〜3人分）

長ひじき（乾燥）… 10g
にんじん… ½ 本（100g）
明太子… ½ 腹（30g）
バター… 7g
しょうゆ… 小さじ 1

保存
期間
冷蔵
3〜4日

詰める
ときは
電子レンジ
で加熱

作り方

1 ひじきはたっぷりの水でもどし、水けをきり、食べやすい長さに切る。にんじんは皮をむいて3〜4cm長さの細切りにし、明太子は薄皮を取って身を取り出す。

2 フライパンにバターを中火で溶かし、ひじきとにんじんを炒める。にんじんがしんなりしたら明太子を加え、明太子の色が変わるまで炒める。

3 しょうゆを加えてさっと炒め、保存容器に入れ、冷めたらふたをして冷蔵する。

1人分
49kcal / 塩分 1.1g
たんぱく質 2.8g
脂質 2.4g

ツナとごま油を加えてうまみを出した

わかめとツナの中華あえ

材料（2〜3人分）

わかめ（乾燥）… 大さじ 2
きゅうり… 1本（100g）
塩… 小さじ ½
ツナ水煮缶
　… 小1缶（70g）
A｜酢… 大さじ1と ½
　｜砂糖、しょうゆ
　｜　… 各大さじ 1
　｜オイスターソース、
　｜　ごま油… 各小さじ 1
　｜白いりごま… 適量

保存
期間
冷蔵
3〜4日

詰める
ときは
汁けを
きって入れる

作り方

1 わかめはたっぷりの水でもどし、水けをきる。きゅうりは薄切りにして塩をふり、しんなりしたら水けをしぼる。ツナは缶汁をきる。

2 ボウルにAを混ぜ合わせ、1を加えてあえる。保存容器に入れ、ふたをして冷蔵する。

1人分
57kcal / 塩分 1.8g
たんぱく質 4.9g
脂質 1.7g

トリプルきのこで美腸に

きのこのうま煮

材料（2〜3人分）

しいたけ… 3枚（45g）
しめじ… 1パック（100g）
えのきだけ… 1袋（100g）
A｜酒、しょうゆ
　｜　… 各大さじ 2
　｜砂糖、みりん
　｜　… 各大さじ 1

保存
期間
冷蔵
3〜4日

詰める
ときは
電子レンジ
で加熱

作り方

1 しいたけは石づきを取って薄切りにし、しめじは石づきを取って小房に分ける。えのきだけは石づきを取り、長さを3等分に切ってほぐす。

2 鍋に1とAを入れて中火で熱し、ときどき混ぜながら6分ほど煮る。保存容器に入れ、冷めたらふたをして冷蔵する。

1人分
59kcal / 塩分 1.7g
たんぱく質 3.2g
脂質 0.3g

ホクッとした大豆を梅干しでさっぱりと

ひじきと大豆の梅あえ

材料（2〜3人分）

芽ひじき（乾燥）… 10g
大豆（ドライパック）
　… 1缶（120g）
A｜梅肉…
　｜　梅干し大1個分
　｜ごま油… 小さじ 1
　｜砂糖… 小さじ ½

保存
期間
冷蔵
3〜4日

詰める
ときは
汁けをきって入れる

作り方

1 ひじきはたっぷりの水でもどし、熱湯でさっとゆでて水けをきる。

2 ボウルにAを入れて混ぜ合わせ、1と大豆を加えてあえる。保存容器に入れ、冷めたらふたをして冷蔵する。

1人分
77kcal / 塩分 0.9g
たんぱく質 5.8g
脂質 3.5g

高野豆腐

大豆

厚揚げ

〔食材MEMO〕

大豆製品には、良質なたんぱく質をはじめ、血中の脂質の低下に関わる大豆サポニンなどが豊富。アンチエイジングをサポートする、イソフラボンもとれます。茶色い野菜の代表格のごぼうには食物繊維がたっぷり。

アンチエイジング　疲労回復

1人分　189kcal / 塩分 0.9g
たんぱく質 9.4g / 脂質 13.9g

ボリューム満点! しっかり食べたい日におすすめ

厚揚げの照り焼き

材料（2～3人分）

厚揚げ…小2枚（240g）
片栗粉…小さじ2
A｜砂糖、しょうゆ
　｜　…各大さじ1
白いりごま、
　サラダ油…各大さじ1

作り方

1　厚揚げはペーパータオルで表面の油をふき、1枚を縦横4等分に切って片栗粉をまぶす。

2　フライパンにサラダ油を中火で熱し、1を入れてこんがりと焼く。

3　Aを加えて炒め合わせ、いりごまをふる。保存容器に入れ、冷めたらふたをして冷蔵する。

 保存期間　冷蔵 3～4日　 詰めるときは　電子レンジで加熱

美肌　アンチエイジング

1人分　165kcal / 塩分 0.6g
たんぱく質 6.7g / 脂質 10.2g

万能調味料めんつゆで味がピタリとキマル

高野豆腐の揚げびたし

材料（2～3人分）

高野豆腐…2個（30g）
片栗粉…大さじ1
かぼちゃ…⅛個（200g）
さやいんげん…10本
A｜水…150㎖
　｜めんつゆ（3倍濃縮）
　｜　…50㎖
揚げ油…適量

作り方

1　高野豆腐はぬるま湯にひたしてもどし、水けをしぼり3cm角に切り、片栗粉をまぶす。

2　かぼちゃはワタと種を取り、5mm厚さのくし形切りにする。さやいんげんはヘタを取り、長さを半分に切る。

3　フライパンに揚げ油を熱し、1、2を揚げ、油をきる。保存容器にAを混ぜ合わせて漬け、冷めたらふたをして冷蔵する。

 保存期間　冷蔵 3～4日　 詰めるときは　電子レンジで加熱

腸活　ダイエット

1人分　122kcal / 塩分 0.7g
たんぱく質 1.9g / 脂質 7.3g

腸活食材のごぼうをデリ風サラダに

ごぼうサラダ

材料（2～3人分）

ごぼう…½本（80g）
にんじん…⅓本（70g）
A｜水…500㎖
　｜酢…大さじ½
B｜マヨネーズ…大さじ2
　｜白すりごま…大さじ1
コーン缶…½缶（100g）
塩、こしょう…各少々

作り方

1　ごぼうは皮をこそげて3～4cm長さの細切りにし、水に2分ほどさらして水けをきる。にんじんは皮をむき、3～4cm長さの細切りにする。

2　鍋にAを入れて煮立て、1を入れて1分ほどゆでて湯をきり、粗熱をとる。

3　ボウルにBを混ぜ合わせ、缶汁をきったコーン、2を加えてあえる。塩、こしょうで味をととのえ、保存容器に入れ、冷めたらふたをして冷蔵する。

 保存期間　冷蔵 3～4日　 詰めるときは　そのままお弁当箱に

体にいい大豆を洋風にして食べやすく

大豆としめじの洋風煮

材料（2～3人分）

大豆（ドライパック）
　…1缶（120g）
しめじ…1パック（100g）
ベーコン…2枚（40g）
A｜水…200mℓ
　｜固形コンソメスープ
　｜　の素…½個
塩、粗びき黒こしょう
　…各適量
オリーブ油…小さじ2

作り方

1　しめじは石づきを取って小房に分け、ベーコンは1cm幅に切る。

2　鍋にオリーブ油を中火で熱し、ベーコンをさっと炒める。A、しめじ、大豆を加え、汁けが少なくなるまで煮る。

3　塩で味をととのえて保存容器に入れ、黒こしょうをふり、冷めたらふたをして冷蔵する。

保存期間　冷蔵　3～4日
詰めるときは　電子レンジで加熱

1人分
143kcal／塩分 1.2g
たんぱく質 7.8g／脂質 10.8g

腸活　アンチエイジング

削り節でうまみを高めて汁けも防止

厚揚げと春菊の塩麹蒸しサラダ

材料（2～3人分）

厚揚げ…小2枚（240g）
春菊…1袋（150g）
にんじん…¼本（50g）
塩麹…大さじ2
削り節…1パック（5g）
サラダ油…小さじ1

保存期間　冷蔵　3～4日
詰めるときは　汁けをきって入れる

作り方

1　春菊は5cm長さに切り、にんじんは皮をむいて4～5cm長さのせん切りにする。厚揚げはペーパータオルで表面の油をふき、縦半分に切って1cm幅に切る。

2　フライパンにサラダ油を中火で熱し、厚揚げを並べ入れる。両面に焼き色がついたら春菊、にんじん、塩麹を加え、ふたをして3分ほど蒸し焼きにする。

3　野菜がしんなりしたらふたを取り、水けをとばしながら炒める。削り節を加えてさっと混ぜ、保存容器に入れ、冷めたらふたをして冷蔵する。

1人分
170kcal／塩分 1.3g
たんぱく質 11.3g／脂質 10.7g

美肌　アンチエイジング

不足しがちなたんぱく質と食物繊維を大豆で手軽に

三目豆

材料（2～3人分）

にんじん…1本（200g）
しいたけ…3枚（45g）
大豆（ドライパック）
　…1缶（120g）
A｜水…大さじ4
　｜しょうゆ、みりん
　｜　…各大さじ2

作り方

1　にんじんは皮をむき、しいたけは石づきを取り、それぞれ1cm角に切る。

2　耐熱容器に1、大豆、Aを入れてラップをふんわりとかけ、電子レンジで4分ほど加熱する。取り出して混ぜ、ラップをかけて4分ほど加熱する。

3　保存容器に入れ、冷めたらふたをして冷蔵する。

保存期間　冷蔵　3～4日
詰めるときは　電子レンジで加熱

1人分
104kcal／塩分 1.1g
たんぱく質 6.6g／脂質 2.9g

腸活　ダイエット

イソフラボンで女性ホルモンのバランスアップ

大豆のしょうゆ漬け

材料（2～3人分）

大豆（ドライパック）
　…1缶（120g）
しょうゆ、みりん
　…各大さじ3

作り方

1　小鍋にしょうゆとみりんを入れて煮立たせ、粗熱をとる。

2　保存容器に1と大豆を入れ、冷めたらふたをして冷蔵する。

★一晩漬けてからが食べごろです。

保存期間　冷蔵　3～4日
詰めるときは　汁けをきって入れる

1人分
73kcal／塩分 1.0g
たんぱく質 5.6g／脂質 2.7g

アンチエイジング　疲労回復

時間がない！という日にすっごく助かる

体にいい1品弁当

NOODLE

1人分
466 kcal
塩分 3.9g
たんぱく質 19.8g
脂質 7.2g

焼きとり缶で
作るから
とっても手軽！

レンチン
焼きそば弁当

材料（1人分）

中華蒸し麺…1玉
焼きとり缶…1缶（80g）
キャベツ…3枚
にんじん…30g
しめじ…¼パック（30g）
中濃ソース…大さじ2
青のり…少々

作り方

1 キャベツは3㎝四方に切り、にんじんは皮をむいて4㎝長さの細切りにする。しめじは石づきを取って小房に分ける。

2 耐熱ボウルに麺を入れて**1**をのせ、ラップをふんわりとかけ、電子レンジで2分加熱する。いったん取り出し、焼きとりを缶汁ごととソースを加えて混ぜ、ラップをしてさらに2分加熱する。

3 ラップをはずして混ぜ、弁当箱に詰めて青のりをふる。

レンジ
肉みそ混ぜうどん弁当

冷えケア　貧血ケア　疲労回復

材料（1人分）

冷凍うどん…1玉
にら…⅓束（30g）
にんじん…¼本（50g）
A｜豚ひき肉…80g
　｜みそ…大さじ1
　｜みりん…小さじ2
　｜しょうゆ…小さじ1
　｜しょうがのすりおろし
　｜　…小さじ½
　｜豆板醤…小さじ⅓
白いりごま…少々

作り方

1 にらは4㎝長さ、にんじんは皮をむいて4㎝長さの細切りにする。

2 耐熱ボウルにAを混ぜ合わせ、**1**、うどんの順にのせ、ラップをふんわりとかけ、電子レンジで5分ほど加熱する。

3 ラップをはずして混ぜ、弁当箱に詰めていりごまをふる。

1人分
505 kcal
塩分 3.9g
たんぱく質 24.1g
脂質 17.2g

疲労回復の
名コンビ、
豚肉×にらで
スタミナアップ

うっかり寝坊した！ 作りおきがない！ そんな緊急事態に頼りたいのが、1品弁当。
簡単で主食と肉や野菜が一度にとれ、栄養バランスが整っているのが魅力です。

卵黄に豊富な
レシチンで
若々しい体に！

チャーハン弁当

材料（1人分）

ごはん… 150g

ねぎ… ½本（30g）

ハム… 2枚（40g）

卵… 1個

A｜マヨネーズ…小さじ2
　｜顆粒鶏ガラスープの素
　　　…小さじ1

塩、こしょう、
　　粗びき黒こしょう…各少々

作り方

1　ねぎはみじん切りにし、ハムは半分に切り、
1cm幅に切る。

2　耐熱ボウルに卵を溶きほぐし、**1**とAを加
えて混ぜる。ごはんも加えて混ぜ、ラップ
をふんわりとかけ、電子レンジで2分ほど
加熱する。

3　いったん取り出して混ぜ、ラップはかけず
に1分30秒ほど加熱する。塩、こしょう
で味をととのえて混ぜ、弁当箱に詰めて黒
こしょうをふる。

1人分
479kcal
塩分 3.8g
たんぱく質 17.4g
脂質 17.3g

3種類の野菜と
ソーセージも入って
栄養バランスは
ばっちり

オムライス弁当

材料（1人分）

ごはん… 150g

卵… 1個

ピーマン… ½個（20g）

玉ねぎ… 30g

ウインナーソーセージ
　　… 2本（30g）

コーン缶… 30g

バター… 5g

塩、こしょう…各少々

サラダ油… 小さじ1

トマトケチャップ、好みで
　パセリ（ドライ）…各適量

作り方

1　ピーマンはヘタと種を取り、玉ねぎととも
にみじん切りにする。ソーセージは2mm幅
の斜め薄切りにする。

2　耐熱ボウルに**1**、コーン、ケチャップ大さ
じ2を混ぜ、ラップをふんわりとかけ、電
子レンジで2分ほど加熱する。ごはん、バ
ターを混ぜ、ラップはかけずに3分ほど加
熱し、塩、こしょうで味をととのえる。

3　フライパンにサラダ油を弱火で熱し、溶き
ほぐした卵を流し入れ、片面焼いたら裏返
して薄焼き卵を作る。弁当箱に**2**を詰め、
薄焼き卵をのせて覆う。ケチャップ適量を
しぼり、好みでパセリをふる。

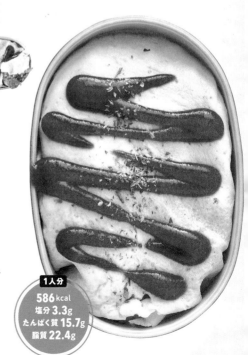

1人分
586kcal
塩分 3.3g
たんぱく質 15.7g
脂質 22.4g

材料別インデックス

※大項目内の材料名は五十音順です。
材料名内の料理名はページ順です。

中井エリカ ERIKA NAKAI

管理栄養士。大学卒業後、管理栄養士として社員食堂に勤務し、献立
やレシピ作成に従事。結婚・出産後は、フリーランスでレシピ開発、
健康・栄養関連の記事執筆を行うなど、幅広く活躍。「簡単・おい
しい・栄養満点」をモットーにレシピを発信している Instagram や
YouTube チャンネル「食堂あさごはん」が人気。著書に、『野菜がお
いしすぎる作りおき 管理栄養士の体にいいラクおかず184』（エム
ディエヌコーポレーション）、『「冷凍作りおき」で平日ラクラク！食
堂あさごはんの晩ごはん』（主婦の友社）などがある。

STAFF

撮影	深澤慎平
編集制作・スタイリング	渡辺ゆき
デザイン	品川美歩
校正	聚珍社
企画・編集	鹿野育子

体にいい！朝ラク作りおき弁当

2023年2月14日　第1刷発行

著　者	中井エリカ
発行人	土屋　徹
編集人	滝口勝弘
発行所	株式会社Gakken
	〒141-8416　東京都品川区西五反田2-11-8
印刷所	大日本印刷株式会社

● この本に関する各種お問い合わせ先
本の内容については、下記サイトのお問い合わせフォームよりお願いします。
　https://www.corp-gakken.co.jp/contact/
在庫については　TEL 03-6431-1250（販売部）
不良品（落丁、乱丁）については　TEL 0570-000577
　学研業務センター　〒354-0045　埼玉県入間郡三芳町上富279-1
上記以外のお問い合わせ　TEL 0570-056-710（学研グループ総合案内）

学研グループの書籍・雑誌についての新刊情報・詳細情報は下記をご覧ください。
学研出版サイト　https://hon.gakken.jp/